兰州大学中央高校基本科研业务费专项资金资助项目
『草地农业与农业伦理的交叉研究』（lzujbky-2024-20）

草地农业伦理

CAODI NONGYE LUNLI

赵安——著

蘭州大學出版社
LANZHOU UNIVERSITY PRESS

图书在版编目（CIP）数据

草地农业伦理 / 赵安著. -- 兰州 : 兰州大学出版社，2025. 6. -- ISBN 978-7-311-06931-5

Ⅰ. S812-02

中国国家版本馆 CIP 数据核字第 2025UF7087 号

责任编辑　马继萌　梁建萍
封面设计　汪如祥

丛 书 名　草地农业伦理
作　　者　赵　安　著
出版发行　兰州大学出版社　(地址:兰州市天水南路222号　730000)
电　　话　0931-8912613(总编办公室)　0931-8617156(营销中心)
网　　址　http://press.lzu.edu.cn
电子信箱　press@lzu.edu.cn
印　　刷　兰州人民印刷厂
开　　本　710 mm×1020 mm　1/16
成品尺寸　170 mm×240 mm
印　　张　13(插页2)
字　　数　201千
版　　次　2025年6月第1版
印　　次　2025年6月第1次印刷
书　　号　ISBN 978-7-311-06931-5
定　　价　68.00元

通往中国草地农业伦理研究新疆域的“垫脚石”

（代序）

草地农业是人类与大自然耦合共生、协同演化的杰出创作，蕴含着无穷无尽的智识创造、伦理价值和生态功能，是实现人与自然和谐共生的农业现代化的重要场景和物质基础。兰州大学草地农业科技学院的任继周院士，在对草地农业进行持续不断的科学探索和历史反思的基础上，创造性地提出“地、时、度、法”的四维农业伦理学理论架构，开辟了中国农业伦理学研究的新疆域，确立了新时代农业农村现代化的新航标。任院士关于草地农业的系统理论和农业伦理思想，值得当代农业科学家和哲学人文科学学者等从多个层面开展跨学科研究和实践性分析。

兰州大学草地农业科技学院是中国草地农业科技的创新高地，多年来在草地农业育种、植保、生态、栽培等主流方向和人才培养方面取得了令人瞩目的卓越成果，近年来对草业经济学、草食畜牧学、草畜史、草畜哲学和农业伦理学等交叉学科也进行了诸多开创性的探索。赵安博士的新书《草地农业伦理》是其中的代表性成果之一。该书系统记述了国内学界同仁研究和传播任先生农业伦理思想的历史过程，并对任先生农业伦理思想在草地农业各分支领域的应用实践进行了专题讨论。全书包括总论和分论两部分，其中总论部分系统阐述了任先生的农业伦理学思想，对国内农业伦理学过去十年的发展历程进行了综述，并尝试性地提出“农业伦理矩阵”系统分析方法。分论部分则分别从耕地保护、耕地种草、草地养殖、草地禁牧等多个草地农业具体场景进行专题讨论，以期揭示草地农业发展的哲学本质和伦理间的相关性，解析任先生农业伦理学思想的微言大义，为中国的草地农业可持续发展提供价值指引。

赵安博士是一位笔耕不辍、富有激情的青年学者，也是一位勇于在新学科领域大胆言说和进行理论建构的学界新秀。尽管他将自己的研究成果自谦为草地农业伦理与草地农业科学跨学科研究领域的“初探”性成果，也意识到书中一些理论观点，包括富有启发性的“农业伦理矩阵”系统方法论值得商榷，未必成熟和准确，但他敢为人先，毅然决然地将之编辑成书，乐意为中国草地农业伦理学跨学科研究提供不可或缺的“垫脚石”，其学术探索的勇气和精神值得我们敬佩。相信多学科领域的专家学者、政策研究者和产业决策者、草地农业实践者都会从中有所启示和感悟。总之，赵安博士的新书思维活跃、信息量大，切近草地农业“地气”，可以作为开启草地农业伦理探究之旅的良好向导，也可以作为农科院校和草地农业专业开展草地农业伦理学教育与培训的重要参考书。

中国农业大学人文与发展学院教授
农业伦理学与公共政策研究中心主任　李建军
中国草学会农业伦理学研究专委会主任

目 录

——总 论——

——分　论——

总　论

第一章
中国农业伦理学（2014—2024）发展综述

2024年7月26日至27日，中国草学会农业伦理学专业委员会2024年年会在兰州大学召开。2014年任继周院士在兰州大学开讲农业伦理系列讲座，2024年第五届年会召开。笔者在第五届年会上做了题为《中国农业伦理学（2014—2024）发展综述》的报告，本章就是该报告的主要内容。

2014年，90岁高龄的任继周院士在兰州大学开讲农业伦理系列讲座，这是农业伦理学第一次登上中国高校的课堂。任院士认为，从哲学伦理和系统思维角度深入反思，某种意义上，工业革命后的农业被现代农业"科学技术"引入了歧途。化肥、农药、农膜的无节制使用使生态环境遭到破坏，食品安全问题威胁人类健康，转基因等高科技的风险令人担忧等，难以尽述。"我国的农业已经走到了非常危险的边缘。究其原因，不是科学技术落后，也不是缺钱或劳动力，而是缺少正确的农业伦理观。"[①]自此以后的时间里，任继周带领团队开始了创建中国农业伦理学科的急行军，他发表文章、出版著作、编写教材、栽培后学，参与组建全国农业伦理学会并召开多次年会，力促农业伦理学教学研究工作的火种传遍全国。

---

① 刘晓倩：《中国工程院院士任继周：农业须靠伦理学走出工业化歧途》，《中国科学报》2015年1月5日第1版。

本章从西方农业伦理学的兴起与发展、中国农业伦理学的发展历程、中国农业伦理学的研究现状等方面展开综述，并通过对中西方研究进展的对比，来查找过去十年国内农业伦理学高速发展之下可能存在的问题。尤其是针对农业伦理学的研究对象进行了深入讨论和聚焦，尝试将其分为狭义和广义两部分，认为当前中国农业伦理学最紧迫的任务应该是聚焦农业产业全过程，开展负责任的创新、经营、监管等，以追求生态安全、粮食安全、食品安全等公共目标。本章呼吁国内的农业科学家积极参与，与哲学社会科学形成良好互动。十年时间对一个学科来说还太短，但过去十年中的重大事件与重要思想的综述与探讨，将作为学科继续快速高质量发展的阶段性总结。笔者不揣浅陋，作此文以飨读者。

一、西方农业伦理学的兴起

（一）脱胎于自然科学的农业伦理启蒙

19世纪末期的德国跨界学者鲁道夫·斯坦纳（Rudolf Steiner）应该算是化学农业最早的“吹哨人”，他提出生物动力农业等新锐概念，被誉为欧洲有机农业之父。1911年，美国威斯康星大学农业物理学者富兰克林·金（F. H. King）对中国、朝鲜和日本的永续农业进行考察后，写成了《四千年农夫》。1916年，美国康奈尔大学园艺学家、农学院院长海德·贝利（Bailey Liberty Hyde）出版了《神圣的地球》等文学作品，呼唤培养农业行为中的环境意识。1940年，英国植物病理学家艾尔伯特·霍华德（Albert Howard）出版了《农业圣典》，探索人类与自然共生的农业生态系统。1939年，日本冈田茂吉首创了“自然农法”，开始试验“无化肥、无农药”的蔬菜栽培。日本植物病理学者福冈正信进一步提出“自然力农法”，即无肥料、无耕作、无农药、无除草的“四无”农法[①]。上述学者基本认可大自然是一个完整不可分割且自我完满的系统，要发挥

①福冈正信：《自然农法——绿色哲学的理论与实践》，黄细喜、顾克礼译，黑龙江人民出版社，1987，第75页。

自然物的潜能，最大限度利用自然界的力量。上述基于传统农业智慧的代表思想，成为日后农业伦理的重要启蒙资源，只是在当时并没有引起世人的重视。

1948年，美国林学和野生动物学者奥尔多·利奥波德（Aldo Leopold）的作品《沙乡年鉴》出版问世，书中首次提出了“土地伦理”思想，将人、土地和其他动植物之间的关系视为和平共生的共同体[①]，对后世产生了深刻影响。1962年，美国海洋生物学者蕾切尔·卡森（Rachel Carso）出版了《寂静的春天》，将农业中广泛使用杀虫剂、除草剂所产生的严重后果呈现在世人面前，引起了巨大轰动，该书是生态伦理、环境伦理的里程碑著作。欧洲动物福利研究对养殖业中存在的伦理问题已经开展了数十年的讨论，1964年，英国动物福利学者露丝·哈里森（Ruth Harrison）出版著作《动物机器》，曝光了当时工厂化动物养殖中的残酷真相，揭露了集约化养殖业中不为人知的福利问题。1972年，“罗马俱乐部”发表研究报告《增长的极限》，提出了“自觉抑制增长”“全球均衡状态”等概念。1975年，美国学者彼得·辛格（Peter Singer）出版了《动物解放》，指出工厂化养殖中动物的天性与痛苦被无情地忽视，人类的理性将非理性的动物压制到了极致。1975年，美国植物学家威廉·默迪（William H. Murdy）率先提出了后来被称为“弱人类中心主义”的哲学思潮，以其丰富的生物学知识阐述了自然具有内在价值[②]，主张在人类利益优先的同时，也应适度抑制人类的感性欲望，保护非人类存在物。

不难看出，早期关注农业生产中的安全与伦理问题的启蒙学者，多是生物学、环境学、病理学、动物学等领域的科学家，他们对农药、化肥、杀虫剂、抗生素、添加剂等工业产品在农业中的持续应用，展开了最初的朴素反思，为农业伦理学的诞生奠定了基础。

---

①奥尔多·利奥波德《沙乡年鉴》，侯文蕙译，吉林人民出版社，1997，第213页。

② W. H. 默迪、章建刚：《一种现代的人类中心主义》，《哲学译丛》1999年第2期，第12-26页。

（二）西方农业伦理学科的创设与发展

随着食品安全事件频发、公众环保意识提高、动物解放运动高涨等重大社会问题的多发和观念意识的转变，其中涉及的深层次的价值分歧，促使人们对农业生产活动中的伦理问题展开思考。20世纪70年代，农业伦理概念的雏形开始显现，全球农业伦理学科逐渐加快了系统化、规范化的进程。

1971年，美国科罗拉多州立大学资深草业科学家罗伯特·泽姆达尔（Robert L. Zimdahl），在美国草业科学年会上发表了《致畸性的人类试验》论文，对除草剂、杀虫剂等化学药剂在农业中的使用带来的危害进行反思。1976年，美国得克萨斯土地研究院院长、植物遗传学家韦斯·杰克逊（Wes Jackson），在康扎大草原研究天然草原自身保持繁茂的自立系统的过程中，提出多年生谷物、可持续农业的长期性、多元性、整体性的农业规范和伦理。1978年，美国昆虫学学者罗伯特·博西（Robert Van Dan Bosch）联合昆虫学与动物学领域的学者撰文讨论农业中的伦理问题。时任得克萨斯农工大学农学院院长的哈里特·昆科尔（Harriet O. Kunkel），率先联合该校哲学系在大学实验站创立农业伦理学项目，标志着农业伦理学科的正式提出。

1982年，美国农业科学家联合哲学社会科学领域的学者，在佛罗里达州盖恩斯维尔召开以“农业、变革与人类价值”为主题的会议，这是农业伦理走向公众视野的转折点。会后，美国佛罗里达大学、爱荷华州立大学、加州理工大学、密歇根州立大学等多所高校陆续开始了与农业伦理有关的主题会议或论坛。1986年，理查德·海恩斯（Richard Haynes）等研究者倡议组建跨学科组织“农业、食品和人类价值研究会”，并创办了《农业和人类价值》期刊。1988年，加拿大动物行为学者弗兰克·赫尼克（Frank Hurnik）和哲学系休·雷曼（Hugh Lehman）在圭尔夫大学创办《农业伦理学杂志》，后更名为《农业和环境伦理学杂志》。1992年，美国土壤科学学会、农学会和作物学会三大科学学会联合组织了一次研讨会，并形成会议文集《农业伦理学：21世纪的议题》，会议认为农业伦理学的时代已经到来。1994年，英国诺丁汉会议成为世纪末农业伦理学的又一个重要会议，对生物技术在农业中的应用、风险和伦理问题给予了高度重视。此后，英国诺丁汉大学、荷兰瓦赫宁根大学、荷兰乌特勒支大学、芬兰赫尔辛基大学等欧洲著名大学相继开设了农业伦理学论坛或成立了研究机构。2000年，欧洲农业和食品伦理学协会在丹麦哥本哈根正式成立，旨在打造全欧洲的农业伦理学学术研究和交流平台，推动相关的专业学位、课程体系建设。2013年，全球农业和食品伦理学研究者、农业科学家以及农业政策专家汇聚泰国曼谷，倡议成立了“亚太农业和食品伦理学学会”，旨在推动亚洲国家的农业伦理学的观点表述和学科发展。值得一提的是，美国著名农业伦理学家密歇根大学教授保罗·汤普森（Paul B.Thompson）2019年到访兰州大学并做学术报告，还受聘为南京农业大学农业伦理研究中心客座教授，与国内农业伦理学团队建立了联系。

欧美农业伦理学诞生于农业环境污染、农业技术风险、食品安全威胁等时代背景之下，围绕谷物种植、动物福利、生物技术、食品安全、生态环境等农业生产中的种、养、加、销等全链条开展了诸多研究，涌现了许多优秀科研成果。尤其是农业科学家与人文学者携手推动了全球农业伦理学的研究与实践，开辟了农业伦理学学科化、建制化的模式和路径。我们研究和综述欧美等发达国家农业伦理学的发展历程，可以借鉴新学科建立的经验，快速将我国农业伦理学建设成为规范化学科。

二、中国农业伦理学的主要成就

20世纪90年代，欧美国家的农业伦理理论与实践传播到了中国大陆。1990年，刘龙驹和王志行主编了《农学伦理概论》，主要阐述农业工作者的职业道德。胡一胜[①]教授分别于1992年和1995年出版了《农业道德概论》和《农业伦理学》，尝试对农业伦理学的学科划界及体系等进行初步

① 胡一胜：《试论农业伦理学的特征、对象及体系》，《江西农业大学学报·哲学社会科学专辑》1992年第5期，第28-31页。

探索。这些早期的探索非常可贵，但一门新的学科的诞生绝非几篇文章或几本著作的问世就能轻易开启。20世纪90年代末，中国工程院院士任继周先生从数十年草业科学、草地农业系统、农业系统发展史的研究当中，逐步凝练出农业伦理学的理论体系[①]。2014年，90岁高龄的任继周院士在兰州大学开设农业伦理学系列讲座，标志着这个学科在中国的诞生。此后十余年，任先生带领团队开始了创建农业伦理学这门新学科的急行军。所取得的成就简略呈现在表1-1中，并分类展开陈述。

表1-1 中国农业伦理学十年发展成就汇总表

主要工作	学术论文	教材编纂	教学实践	成立学会	学科建设
取得成绩	多个学术期刊设立专栏;《农业伦理学进展》出版三辑，发表论文135篇	《中国农业伦理学导论》;《中国农业伦理学概论》;《中国农业伦理学》(上、下册)	在兰州大学、南京农业大学、西北农林科技大学、北京林业大学、安徽大学、甘肃农业大学等十余所高校推开	2017年成立，王思明当选第一任会长；2023年换届，李建军当选第二任会长	2024年，兰州大学哲学社会学院联合草地农业科技学院等申请以农业伦理为特色的应用伦理硕士点
备注	《农业伦理学进展》将继续出版相关成果	《中国农业伦理学概论》成为“十三五”规划教材	2023年在兰州召开农业伦理教学推广大会	年会已经连续举办五届，取得了广泛影响力	计划哲学博士点下设相关方向完成人才培养闭环

（一）农业伦理高质量学术论文的发表

耄耋之年的任先生笔耕不辍与时间赛跑，在其兰州大学“农业伦理”团队的骨干成员林慧龙、方锡良、胥刚等人的协助之下，任先生执笔发表20多篇农业伦理学核心论文。为了吸引更多学者参与，任先生先后在

---

① 赵安：《任继周院士农业伦理学思想探源——兼论草地农业与农业伦理之关联》，《兰州大学学报》（社会科学版）2023年第5期，第1-12页。

《兰州大学学报》（社会科学版）、《伦理学研究》和《科学·经济·社会》等学术期刊主持农业伦理专栏。2015年，任先生主编的第一本工具书《中国农业伦理学史料汇编》问世，任先生谦虚地将其称为“一群初学者的习作”。从2018年开始，任先生还和王思明先后主编了专业论文集《中国农业伦理学进展》，已经连续出版三辑，集中刊发国内相关领域专家的文章135篇。这些重要成果的发表与出版，为中国农业伦理学的发展积攒了“第一桶金”。

（二）农业伦理学著作和教材的编纂

2016年，任先生邀请清华大学哲学系卢风教授、中国农业大学人文学院李建军教授、南京农业大学人文学院王思明教授、北京林业大学草业与草原学院董世魁教授、国家图书馆卢海燕研究员，以及兰州大学草地农业科技学院林慧龙教授等十余位专家学者组成编委会，用两年时间编写成了《中国农业伦理学导论》，并于2018年出版。在此基础上又经过三年时间打磨，于2021年出版了《中国农业伦理学概论》（“十三五”规划教材），作为国内首部本科生、研究生的农业伦理学教材，已经取得了广泛的应用和好评。2024年又出版了《中国农业伦理学》（上、下册），丰富了农业伦理学的教材体系，供各个层面的学生和爱好者使用。农业伦理学的科研与教学工作均取得突破性进展。

（三）农业伦理教育教学与课程推广

自2014年起，在任继周先生的支持下，兰州大学哲学社会学院和草地农业科技学院密切合作，在国内率先开设“农业伦理学”本科生、研究生课程，由任继周、林慧龙、方锡良、胥刚、唐增等组成的教学团队共同主讲，最早形成了较为完整的课程体系。南京农业大学姜萍教授主持的“农业伦理学概论”课程获批江苏省“首批省级一流本科课程”。农业伦理教学工作陆续在西北农林科技大学、北京林业大学、安徽大学、甘肃农业大学等十余所院校铺开。2023年，中国农业出版社与兰州大学草地农业科技学院合办的“农业伦理教学研讨会”在兰州举行。兰州大学副校长潘保田希望以此为契机来推动更多高校开设并讲授好农业伦理学课程，共同推动中国农业伦理学学科发展；中国农业出版社刘天金社长希望农业伦理学课程不仅是农科生的必修课，而且能成为大学生的通识课，在全社会普及农业伦理教育。此次全国农业伦理学教学研讨会是推动全国农业伦理教学工作的重要契机。

（四）组建全国性的农业伦理学会

2014年，任继周在兰州大学开设“中国农业伦理学”系列讲座时，就在酝酿成立全国性专业学会的问题。2016年，在任院士的倡导下，李建军教授等召集相关专家学者在安徽九华山召开“农业伦理学与生态文明研讨会”，为成立“农业伦理学委员会”做准备。2017年，中国草业学会农业伦理学研究会成立大会在南京农业大学举行，兰州大学原党委书记袁占亭出席会议并提出著名的“任继周之问”。会议选举任继周担任名誉会长，王思明担任第一任会长，林慧龙担任秘书长，秘书处设在兰州大学草地农业科技学院，此次会议构建了一个具有思想活力、时代意识与历史责任的学术共同体，是学科发展的里程碑①。2018年和2019年的农业伦理学年会分别在兰州大学、中国农业大学举行，继续扩大农业伦理学的学术影响力，促进国内相关领域的交流合作。2023年，第四届中国草业学会农业伦理学年会在南京农业大学召开并完成换届工作，选举李建军教授出任第二任会长，林慧龙、姜萍、张言亮、方锡良等专家组建了新一届秘书处。中国伦理学会孙春晨会长对农业伦理学会、学科的发展给予了关注与支持。

（五）农业伦理学科点的积极筹建

在完成上述艰难而繁重的工作之后，任先生已经年届百岁，但他依然担忧中国农业伦理学没有固定的研究机构、专业的研究团队，也没有对应的学科点，无法形成贯通的人才培养机制。恰逢2022年中共中央办公厅、国务院办公厅印发《关于加强科技伦理治理的意见》，鼓励高等学

① 方锡良、姜萍：《探问中国农业伦理之道、寻求农业可持续发展之途——中国农业伦理学研究会成立大会暨“农业伦理学与农业可持续发展”学术研讨会会议综述》，《中国农史》2017年第5期，第134-143页。

校开设科技伦理教育相关课程，同年教育部发布的新版《研究生教育学科专业目录》新增应用伦理专业硕士。这为兰州大学进一步强化以农业伦理为特色的应用伦理学科建设和队伍建设提供了重要契机。兰州大学哲学社会学院院长陈声柏教授提出，要充分发挥综合性大学的优势，联合草地农业科技学院共同筹建中国第一个以农业伦理学为特色的专业硕士点、二级学科博士点。

过去十年中国农业伦理学的发展，实质是以任继周院士为核心，以兰州大学、南京农业大学、北京林业大学、中国农业大学等高校为基地展开，围绕科研、教学、教材、学会、学科等内容的建设，探索性构建出了新学科的研究范式与理论体系，初步搭建起了中国农业伦理学的研究与实践平台和网络，为学科的更好更快发展奠定了基础。

三、中国农业伦理学的研究现状

过去十年间，在任继周先生的号召与力推之下，诸多学科的学者参与了国内农业伦理学的启蒙工作，使学科取得了广泛的关注和快速的发展。农业伦理学的文献发表量也呈现快速增长的态势。如果以“农业伦理”为主题在“中国知网”进行搜索，2014年以前的文献只有2篇，至今（2024年2月）的文献有59篇。因没有将动物福利、食品伦理、（乡村）社会伦理等主题的文献都囊括在内，所以统计数据偏少。任继周、王思明主编的《中国农业伦理学进展》自2018年出版以来，至今已经出版三辑，共收录135篇学术论文，基本涵盖了国内近十几年来涉及农业伦理各主题的代表性论文，可作为我们集中了解国内农业伦理研究基本状况的参考。笔者对该丛书收录的135篇论文按不同主题进行了分析。如表1–2所示。

表1-2 《中国农业伦理学进展》发表的135篇学术论文归类分析

主题分类	第一辑	第二辑	第三辑	小计	备注
任继周团队	6	4	9	19	任继周一作文章
其他农业科学家	2	3	4	9	与西方学科相比，国内农业科学家参与不足
译介西方思想	11	6	4	28	丛书对动物福利文章收录不足
动物福利	2	2	3		
挖掘传统史料	5	7	6	18	若将乡村、饮食类文献包括进来，则会更多
乡村社会伦理	2	7	11	20	乡村振兴中的热点研究领域，立项课题较多
食品及饮食伦理	3	5	7	23	若将转基因相关文章包括在内，则会更多
转基因			8		
其他	7	5	6	18	
合计	38	39	58	135	收录文献不尽全面

表1-2将丛书中的文献分为五大类。一是以任继周院士为代表的农业科学家的研究成果，任继周发表文章19篇，其他农业科学家发表文章9篇，可见国内农业科学家的实质性参与略显不足。二是译介西方农业伦理思想的文献有28篇，因收录动物福利文章量偏少，如果将动物福利、转基因等西方研究文献都纳入进来，这一部分是目前学科发展中的主要成果。三是挖掘传统史料中的农业伦理思想的文章18篇，如果将乡村伦理、饮食伦理中涉及传统文化的文献纳入进来，这部分的文献量也是研究的主体之一。四是乡村问题与社会伦理交叉领域共有20篇文献。五是饮食与食品伦理共收录文献23篇。由此可见，目前国内农业伦理的研究主要集中在介绍西方思想、整理古代史料两大方面，还处于学科框架搭建、学术概念凝练、研究方法探索等宏观层面，只有动物福利、食品伦理等少数研究逐步进入了农业生产流程的微观环节。

（一）任继周农业伦理思想概述

一方面，任先生以草地农业为代表的农业生态系统包括前植物生产层、植物生产层、动物生产层、后生物生产层[①]，四个生产层之间形成的三大主要界面，农作物与地境之间的界面、植物生产系统与动物生产系统之间的界面、动植物农业系统与食物加工等社会行为之间的界面[②]，不同生产层与界面之间衍生出众多社会问题[③]。农业的耦合层越完善，界面的开放功能越发达，生产效益就越高，农业伦理学的容量也越大[④]。另一方面，任先生以科学战略家的见地和“新哲学”认知论提出农业伦理的“多维结构”，即“时之维（重时宜）、地之维（明地利）、度之维（行有度）、法之维（法自然）的四个维度”，以简驭繁建立农业伦理学的哲学框架[⑤]。笔者结合任先生上述两个方面的理论，将农业系统的四个生产层和农业伦理学的四维结构，融合到同一个网络当中，形成具有中国传统农业智慧与现代农业科技思想的“农业伦理矩阵”，希冀能全面呈现任先生的农业伦理思想。这些内容将在接下来的两节中详细展开，这里暂不赘述。

（二）农业科学领域学者的回应与参与

任继周先生的农业伦理系列著作与核心思想得到如下国内农业科学家的响应[⑥]：中国工程院唐华俊院士认为任院士的经典著作构建了判断农

---

① 任继周、侯扶江：《草业科学框架纲要》，《草业学报》2004年第13卷第4期，第1-6页。

② 任继周、南志标、郝敦元：《草业系统中的界面论》，《草业科学》2000年第9卷第1期，第1-8页。

③ 任继周、方锡良、侯扶江：《论农业界面的伦理学涵义》，《自然辩证法通讯》2018年第40卷第6期，第1-9页。

④ 任继周、林慧龙、侯扶江：《农业层积之法的农业伦理学诠释》，《兰州大学学报》（社会科学版）2018年第4期，第1-7页。

⑤ 任继周：《中国农业伦理学概论》，中国农业出版社，2021，第38-48页。

⑥ 赵安、范玉兵：《在草业科学专业开展农业伦理教学的特殊性研究——“任继周草地农业学术思想研讨会”之“农业伦理教学研讨会”侧记》，《科学·经济·社会》2023年第41卷第6期，第9-14页。

业行为对与错、善与恶、应该与否、适度与否、公正与否的标准和方法；中国工程院陈剑平院士认为任院士用历史的、系统的、战略的整体思维和认知开创了我国现代农业的新征程；中国工程院沈国舫院士认为任院士找出了解决“三农”问题的钥匙和农业回归自然的大道；中国工程院沈其荣院士认为任院士开创的农业伦理科学是从经验到理性的重大跨越，为中国式现代化建设提供了道德支撑，也为推进农业发展和生态文明建设的全球实践提供了中国智慧和中国方案。国内农业科学领域参与农业伦理研究的学者主要集中在草业科学领域，如董世魁、董全民、周青平、尹俊等学者，他们基于草地农业生态系统的研究对农业伦理进行阐发。再如东北农业大学动物科技学院包军[①]教授、中国农业科学院北京畜牧兽医研究所顾宪红[②]研究员等人对动物伦理与动物福利的研究。目前，国内农业科学家的实质性投入不足，与欧美农业伦理学科发展过程中农业科学家的启蒙、引领、主导作用相比，国内农业科学家对农业伦理的参与度明显不高。

（三）对欧美农业伦理思想的译介与研究

引进西方农业伦理思想的研究成果仍是学科现阶段的主要工作。卢风对奥尔多·利奥波德的大地伦理思想及其对生态文明建设的启示[③]进行了介绍；李建军从西方农业伦理学发展的基本脉络、研究方法等角度[④]，对全球环境伦理兴起、农业科学家内部的反叛、哲学社会科学的参与等进行了系统介绍；邱仁宗[⑤]从西方生产主义的农业模型、科技在农业中的

---

① 包军：《中国畜牧业的“动物福利”》，《农学学报》2018年第8卷第1期，第179-185页。

② 顾宪红：《动物福利和畜禽健康养殖概述》，《家畜生态学报》2011年第32卷第6期，第1-5页。

③ 卢风：《利奥波德土地伦理对生态文明建设的启示——纪念〈沙乡年鉴〉出版七十周年》，《阅江学刊》2020年第12卷第1期，第44-52页。

④ 李建军：《农业伦理学及其研究方法》，《兰州大学学报》（社会科学版）2017年第6期，第19-26页。

⑤ 邱仁宗：《农业伦理学的兴起》，《伦理学研究》2015年第1期，第86-92页。

应用、农业与食品伦理等方面讲述了农业伦理的兴起；严火其[①]团队、姜冰[②]团队等对西方农场动物福利“五大自由”思想等主要动物福利观念的历史演进、价值审思与现实启示等进行了全面介绍；方锡良对《农业圣典》中的生态智慧与伦理意蕴进行了介绍[③]；毛新志对转基因作物的产业化进行了系统研究[④]。近年来，有研究生的学位论文对西方代表性的农业伦理学家的思想进行了译介和研究，如肖妮[⑤]对保罗·汤姆森农业伦理学思想的研究，贺扬[⑥]对罗伯特·泽姆达尔农业伦理思想的研究，宋欣[⑦]对美国农业伦理学兴起的研究等。上述研究成果从基本概念、理论资源、体系结构、历史传统、发展路径和核心理念等不同角度对西方农业伦理思想进行了译介。

（四）对古文献中农业伦理思想的挖掘与研究

还有一项主要工作是对中国传统农业智慧中的伦理知识进行挖掘和总结。如王思明[⑧]等对传统农业伦理与中华农业文明的关系展开研究，为

---

① 郭欣、严火其：《农场动物福利“五大自由”思想确立研究》，《自然辩证法通讯》2019年第41卷第2期，第74–82页。

② 姜冰、康祎梅、崔力航等：《农场动物福利的历史演进、价值审思与现实启示》，《农业现代化研究》2022年第43卷第6期，第957–970页。

③ 方锡良：《论〈农业圣典〉中的生态智慧与伦理意蕴》，《中国农史》2019年第38卷第2期，第123–132页。

④ 毛新志：《转基因作物产业化的伦理学研究》，《武汉理工大学学报》（社会科学版）2011年第24卷第4期，第451–457页。

⑤ 肖妮：《保罗·汤姆森农业伦理学思想研究》，硕士学位论文，兰州大学，2018，第1–54页。

⑥ 贺扬：《罗伯特·齐达尔农业伦理思想研究》，硕士学位论文，南京农业大学，2020，第1–49页。

⑦ 宋欣：《美国农业伦理学兴起的研究》，硕士学位论文，南京农业大学，2019，第1–43页。

⑧ 王思明、刘启振：《论传统农业伦理与中华农业文明的关系》，《中国农史》2016年第6期，第3–12页。

中国特色现代农业寻找借鉴；齐文涛[①]提出人应以“守候与照料”而不是“限定与强求”的态度面向自然环境，应该敬畏自然、模仿自然、仅取盈余；阎莉[②]等对中国传统农业的“地力常新壮”进行思想探析，认为古人的耕作经验符合土壤生态学的科学原理；方锡良[③]积极探讨中国传统“农本”思想及其对现代农业伦理的启示，并对农业伦理之“中度法则”展开集中阐发；孙金荣[④]等挖掘了《齐民要术》中的农业整体观、系统观、伦理观；任丑[⑤]、韩作珍[⑥]等对食物伦理的规则、律令、演进等做了大量研究工作；宋圭武[⑦]提出“道德农业”的境界，指出中国传统文化中的“天人合一”就是人与大自然的和谐共处与农业的可持续发展；陈坚[⑧]还从“农禅并重”的角度，对农业伦理学的生存智慧、意境价值等进行多角度研究；田松[⑨]认为中国传统农业既合乎中国传统伦理，也合乎西方土地伦理和生态伦理。相关的硕士论文包括潘雅萍[⑩]从《诗经》中探索农业

---

① 齐文涛：《“守候与照料”的农业伦理观》，《伦理学研究》2015年第1期，第104-106页。

② 阎莉、贺扬：《中国传统农业的“地力常新壮”思想探析》，《农村经济与科技》2020年第31卷第15期，第4-7页。

③ 方锡良：《中国传统“农本”思想及其现代思考》，《兰州大学学报》（社会科学版）2016年第4期，第9-17页。

④ 孙金荣：《〈齐民要术〉天地人和合思想及其文化意义》，载王思明、李建军、林慧龙编《农业伦理学进展》（第一辑），社会科学文献出版社，2018，第406-418页。

⑤ 任丑：《食品伦理的冲突与和解》，《哲学动态》2016年第4期，第24-29页。

⑥ 韩作珍：《饮食伦理析》，《重庆社会科学》2015年第12期，第114-122页。

⑦ 宋圭武：《试论道德农业》，《农业现代化研究》2003年第24卷第2期，第129-132页。

⑧ 陈坚：《“农禅并重”的农业伦理意境与佛教中国化》，《兰州大学学报》（社会科学版）2016年第5期，第69-77页。

⑨ 田松：《还土地以尊严——从土地伦理和生态伦理视角看农业伦理》，《兰州大学学报》（社会科学版）2015年第4期，第114-117页。

⑩ 潘雅萍：《〈诗经〉农业伦理观研究》，硕士学位论文，西北农林科技大学，2019，第1-49页。

伦理观，张逸鑫[①]对二十四节气中的农业伦理观的研究。

（五）乡村伦理拓展了农业伦理的研究边界

近年来，乡村伦理在乡村振兴中的作用也被很多学者关注。任继周对城乡二元结构的伦理问题[②]、中国工业化历史中的农业伦理[③]进行考察，通过厘清农耕文明与工业文明的利弊来建立后工业文明时代的农业伦理学；孙春晨[④]对改革开放40年乡村道德生活的变迁进行了研究；王露璐对中国乡村伦理的传统特色、历史变迁、现代转型进行系统深入的研究，希望通过家庭伦理、经济伦理、生态伦理、治理伦理等一系列话题来重构农民本位的乡村伦理共同体[⑤]；杨伟荣[⑥]从经济伦理、环境伦理、社会伦理等多个角度探讨了乡村振兴的伦理维度；李永萍[⑦]围绕农民家庭伦理的现代性适应，提出了“新家庭主义”的伦理观念，以及家庭转型的“伦理陷阱”等理论，对转型时期农民家庭性质进行再认识；史玉丁从社会伦理的角度分析我国特色小镇建设过程中政府、市场、公民的权利与义务的“越位”与“缺位”[⑧]的问题。从近20年的国家社科重点项目、一

---

① 张逸鑫：《基于农业伦理的二十四节气与现代农业生产体系的耦合研究》，硕士学位论文，南京农业大学，2019，第1-41页。

② 任继周、方锡良：《中国城乡二元结构的生成、发展与消亡的农业伦理学诠释》，《中国农史》2017年第4期，第83-92页。

③ 任继周、方锡良：《中国工业化的历史过程与农业伦理学响应——兼论后工业化的历史机遇》，《中国农史》2019年第3期，第3-10页。

④ 孙春晨：《改革开放40年乡村道德生活的变迁》，《中州学刊》2018年第11期，第10-16页。

⑤ 王露璐：《乡村伦理共同体的重建：从机械结合走向有机团结》，《伦理学研究》2015年第3期，第118-122页。

⑥ 杨伟荣：《乡村振兴的伦理之维——“乡村振兴与乡村伦理”高层论坛综述》，《伦理学研究》2018年第3期，第134-135页。

⑦ 李永萍：《新家庭主义与农民家庭伦理的现代适应》，《华南农业大学学报》（社会科学版）2021年第20卷第3期，第41-51页。

⑧ 史玉丁、李建军、杨如安：《特色小镇推动新型城镇化建设的迷思与现实——基于社会伦理学的思考》，载王思明、李建军、林慧龙编《农业伦理学进展》（第一辑），社会科学文献出版社，2018，第326-342页。

般项目、青年项目的立项情况可以看出，社会转型期的中国乡村伦理变迁、重构等研究依然是立项的热门，得到了相关部门的密集支持和资助。具有中国特色的乡村伦理的引入，无疑拓展了农业伦理的边界，但也使新生的农业伦理的研究对象过于宽泛。

四、中西比较下农业伦理研究对象再聚焦

（一）西方农业伦理学的研究重点及特征

西方农业伦理学的兴起，首先归因于农业和食品生产领域出现的诸多伦理悖论，于是农业伦理学的诞生背景就锁定了它的研究对象，其研究呈现出重点突出、边界清晰、学科成熟、教学完备、深刻影响立法等特征。现代科学技术正在大规模地把自然生态系统转换为可控的农业生态系统，以便大幅度提高农业生产率和资源利用率，这必然会产生一系列需要从伦理和道德层面进行思考和探讨的问题。如种植业与环境可持续性、工厂养殖与动物伦理、食品加工与生物技术、气候变化与生物多样性等农业生产全链条中的伦理问题，这是西方农业伦理学的重点研究领域，实质上就是对农业工业化和现代化的哲学反思。

农业科学家的积极参与起到了非常重要的推动作用。罗伯特·泽姆达尔，早年致力于农业中杂草控制的研究，对除草剂、杀虫剂的应用进行道德上的思考，进而对其他农业科学技术的合法性产生怀疑。他公开讨论农业科学家应该面对的道德悖论、价值冲突和必须担当的社会责任，并指责受过严格技术训练的专家有其学科局限性，这些专家往往固执地把科学研究和技术应用当作解决问题的唯一途径[①]。保罗·汤普森提出“更多的生产总是更好的”的观念，将产出或收益最大化视为农业的主要甚至唯一目标，这种思维惯性存在严重问题。因为生产者在成本计算时，没有关注到农业自然资源及其价值的投入，没有以平等视角将所有的生

① Robert L. Zimdahl, *Agriculture' s Ethical Horizon*(Amsterdam: Elsevier Inc, 2012).

命系统作为共同体[①]。他指出农业科学家不能仅仅依靠科学理性来评判价值。西方农业伦理学学科体系的创建，得益于一批具有人文情怀的农业科学家和哲学伦理学家的携手合作。

（二）中国农业伦理学的研究范围及特征

中国的农业农村问题相对要复杂得多，除了农业产业实践领域的分歧极大之外，城乡二元结构之下的乡村发展困境，涉及生存与发展等诸多经济社会问题，一直都是过去伦理学关注的重点内容。所以“任继周之问”当中不仅包含了水土资源的耗损甚至毒化殃及食物安全、农产品国际贸易中的价格倒挂等农业产业中的问题，还包括了农民收入微薄甚至种地赔钱、青壮年劳动力逃离农村与“留守儿童”问题、城乡差距的持续拉大等农村社会问题。“任继周之问”凸现了中国农业伦理学科发展的紧迫性，勾画了中国农业伦理学未来的发展图景。

国内学术界其他同仁对农业伦理的研究对象也有不少论述。如陈爱华认为农业伦理应该包括多重伦理关系[②]，如人—地关系、人—林关系、人—畜关系、人—水关系、人—植物及病虫害关系等。刘巍、尹北直认为农业伦理学的研究领域应包括植物生产、动物生产、微生物生产、农业经济、农业管理、农业工程、农业政策、农业教育等8个方面[③]。王鸿生认为农业伦理面对的问题包括人对土地的态度、人对环境的态度、人对动植物的态度、食品安全问题、农产品价值和价格等[④]。上述学者的观点基本没有离开农业生产这一本体，与任继周先生的四层、四维学说基本一致，也都可以囊括在上文的“农业伦理矩阵”当中。当然，与非洲、

---

① Paul B. Thompson, *The Spirit of the Soil: Agriculture and Environmental Ethics*（New York: Taylor & Francis Ltd, 1995）, pp.52-53.

② 陈爱华：《农业伦理何以可能?》，载王思明、李建军、林慧龙编《农业伦理学进展（第一辑）》，社会科学文献出版社，2018，第206-215页。

③ 刘巍、尹北直：《构建有中国特色的农业伦理学学科体系》，载王思明、李建军、林慧龙编《农业伦理学进展》（第一辑），社会科学文献出版社，2018，第216-223页。

④ 王鸿生：《中国农业伦理学应该研究的九个问题》，载王思明、李建军、林慧龙编《农业伦理学进展》（第一辑），社会科学文献出版社，2018，第243-247页。

南亚等发展中国家的农业伦理学研究类似，中国的农业伦理研究也呈现出主题分散、力量薄弱、教学不完备、社会影响力有限等特征。

（三）中国农业伦理学发展中的问题

过去十年间，国内农业伦理学不论是在学术成果、教材编纂方面，还是在平台建设、学科建设方面，都取得了跨越式发展。但通过上文对中西方农业伦理学发展的对比，会发现国内农业伦理学研究中存在一些值得进一步深入探讨的问题。

一是当前国内农业科学家的参与度明显不高。除了任继周院士等草业领域的科学家之外，参与农业伦理探讨的科学家并不多见。相比于全球农业伦理兴起过程中，农业科学家发挥的启蒙和引领作用，国内的农业科学家尚缺乏从哲学伦理学视角看待农业危机的主动性。离开了农业技术发明与应用的最前沿、最知情的科技工作者的参与和反思，农业伦理学的含金量将会失色不少。

二是当前农业伦理学的研究范围较为宽泛且有失精准。与农业生产上游的生态环境等伦理的交叉，与农业生产下游的农村经济社会等伦理的交叉等，使农业伦理与环境伦理、经济伦理、社会伦理等重叠较多，且对农业生产本身的伦理聚焦不够深入，导致农业伦理学的研究对象不够清晰。在国内城乡二元结构的特殊国情下，将乡村伦理引入之后，农业伦理的研究边界更加宽广但有失精准，恐不利于学科对农业产业本身健康发展使命的聚焦。

三是当前农业伦理学研究大多停留在哲学理念的宏观叙述，缺乏对农业产业诸多微观环节的深入探讨。除了转基因技术、动物福利等个别问题获得了较多、较深入的关注之外，土、种、养、加、运、销等微观环节的伦理探讨还比较鲜见，使农业伦理学作为应用伦理学分支的实践性不强，遑论对公共决策的助益，对相关立法工作的推动。这种宏观层面的宽泛讨论，是学科启蒙阶段的必经之路，也是学科研究范围不聚焦的产物。

学科在发展初期，为了取得更广泛的关注度，动员更多的学者参与，将学科的研究对象和范围设定得比较宽泛，凡是涉及农业、农村、农民的生态伦理、产业伦理、食物伦理、经济伦理、政治伦理、社会伦理等，均被囊括在内，这种大而全的方式只是学科发展初期的一种现象，具有阶段性特征。

（四）对中国农业伦理学研究对象的再聚焦

随着学科的纵深发展，需要进一步聚焦研究范围，凝练学科方向，使农业伦理学具有清晰的研究对象，解决具体的现实问题，回应紧迫的时代关切。任继周院士曾指出："农业伦理学就是探讨人类对自然生态系统农业化过程中发生的伦理关联的认知，判断其合理性与正义性。"[①]其中的"农业化过程"就是农业生产全过程的伦理学。笔者借鉴国内外过往研究基础，结合国内农业发展现实，将农业伦理学的研究对象分为狭义和广义两个层面。

狭义农业伦理学：全球农业伦理兴起之初，就是聚焦农业生产中过度的化学化、工业化、机械化、集约化等，出现的生态环境问题、动物福利问题、食品安全问题、可持续发展问题等进行的伦理探索。所以，狭义的农业伦理应该聚焦于农业产业的健康发展本身，即种、养、加等农业生产过程中、链条内的伦理审视，如动植物分子育种、农药化肥杀虫剂的使用、养殖中的兽药抗生素、食品加工中的添加剂等热点问题，呼吁科学家进行负责任的创新，企业家进行负责任的经营，政府管理者进行负责任的监管，全社会进行负责任的参与，即全社会参与农业生产全链条、全过程的伦理讨论，以追求粮食安全、食品安全、生态安全的公共目标。从当前我国在农业与食品领域的痼疾与危机来看，聚焦农业产业本身，依然是农业伦理学科的第一要务。

广义农业伦理学：全球农业伦理学的兴起主要依靠农业科学家的深度参与，但在国内的情况并非完全如此，除了任继周院士等草业科学家之外，更多的是农业农村方面的哲学社会科学学者的响应。乡村伦理的

① 任继周、胥刚、林慧龙等：《中国农业伦理学的多维结构》，《兰州大学学报》（社会科学版）2020年第3期，第1–7页。

研究范围涉及乡村经济、社会发展、公平正义、城乡二元结构等一系列问题，更多的是乡村这个现实场域中发生的政治伦理、经济伦理、社会伦理、家庭伦理等。农业农村发展不充分、不平衡、不稳定、不可持续背后的实质是“不公正”，实施乡村振兴战略的要义之一就是要维护农业农村领域的公平、正义和福祉，这当然是伦理学的研究对象，但未必是农业伦理学最紧迫的研究对象。上述问题不是农业生产过程中的伦理问题，以乡村经济社会问题为主的伦理讨论应属于农业伦理学的外延部分，即广义上的农业伦理学。

五、中国农业伦理学继续发展的建议

农业事关人类的吃穿住行等重大利益，是人与自然界展开交流最主要的方式，具有确定无疑的道德上的善。农业产业的健康可持续发展，应该是农业伦理学的核心议题、永恒话题。回望20世纪70年代欧美农业伦理学的兴起，生态破坏、资源耗竭、环境污染、技术滥用、食品安全等时代挑战是学科兴起的缘由。迄今为止，农业产业健康可持续发展的任务远远没有完成，甚至在中国这样的后发国家还没有完全破题，如种植业的结构性失衡、养殖业的福利缺失、食品药品加工中的信任危机等价值分歧，距离共识的形成还有很长的路要走，遑论为产业发展等提供决策工具和理论依据。所以笔者认为，我国农业伦理学研究工作的继续推进，应更多地关注农业及食品领域过程、链条内的伦理议题，构建相应的概念、术语和工具，提出条理分明的统一的伦理学框架，为公共决策提供有效助益。

任继周先生曾言：“我勉力从事农业伦理科学毕竟只是临危赴难的应急措施。农业伦理学的发展，还要靠更多的后来人的努力和大声疾呼，把我国农业伦理学意识从沉睡中唤醒，建设一个含有正确农业伦理观的后工业化时代的农业系统。”[①]我辈岂能坐视我国农业与食品领域违反农

① 任继周：《我从农业生态系统科学到农业伦理学的心路历程——为唤醒我国农业伦理学意识而呼吁》，《草业科学》2016年第33卷第8期，第1451-1453页。

业伦理威胁人类健康与可持续发展的行为如洪水泛滥而置若罔闻。然而，农业和食品安全的伦理是一个全社会关注、全民参与的系统工程，仅仅靠农业和农民是无法解决这一问题的，需要集全社会力量参与和协作。

笔者提出以下三点呼吁：一是呼吁积极开展农业伦理学研究工作，农业科学家要联合哲学社会科学家共同化解相关伦理冲突和社会争议，为农业和食品的健康可持续发展提供理论支持、沟通路径和决策工具。二是呼吁积极开展农业伦理教学工作，积极培养适应经济社会发展、农业现代化、生态文明建设等国家重大战略需求的具有跨界思维、文理贯通的知农、爱农复合应用型人才。三是呼吁积极开展农业伦理实践工作，联合职业学者、农技推广者、农民和农场工人、农业立法者、政府管理者、食品消费者等全社会力量，构建农业伦理的宣传与实践体系。我们有理由相信，在推动中国式现代化、实现中华民族伟大复兴和构建人类命运共同体的伟大进程中，农业伦理学一定会有所作为。

第二章
任继周院士农业伦理学思想探源①

2014年，中国工程院资深院士任继周先生在兰州大学开设农业伦理学系列讲座，标志着中国农业伦理学学科的正式诞生。十年后的今天，任先生已是百岁高龄。先生集毕生之体验，经深邃思辨，感悟“不知‘常’，妄作，凶”，而“常”在何处?“常”在“自然”。世纪老人的学术人生最终汇集其精髓而铸成农业伦理学。

值任先生百岁寿辰之际，回顾先生学术思想史的全貌及其与农业伦理学的关联，具有非同寻常的意义。先生思想博大精深，笔者摘其扼要分为这样几个阶段：牧草学—草原学—草业科学—草地农业生态系统—农业系统发展史—农业伦理学。可以说，任先生的学术历程跨越了农业的科学研究、政策研究、认知研究等全过程，打通了时间与空间、东方与西方、自然与社会之间的壁垒。

本章结合任先生的学术思想史，尝试将农业伦理学的形成分为三个阶段：第一阶段是农业伦理学萌芽期（牧草学与草原学），第二阶段是农业伦理学发展期（草业科学与草地农业生态系统），第三阶段是农业伦理学成熟期（农业系统发展史与农业伦理学）。本章与已有文献的重要区别

---

① 本章已全文刊登在《兰州大学学报》（社会科学版）（有改动）。赵安：《任继周院士农业伦理学思想探源——兼论草地农业与农业伦理之关联》，《兰州大学学报》（社会科学版）2023年第5期，第1-12页。

在于，以往草业领域的学者，多不关注农业的历史、哲学问题；而哲学、伦理学领域的学者，又大多很难精准理解草业科学和草地农业中蕴含的农学实质及哲学内涵。现有研究成果中，还很少有人将任先生的草地农业思想与农业伦理思想紧密结合起来，尤其是将农业伦理融入任先生一生的学术思想史当中来看待，缺乏草地农业与农业伦理学的沟通与互动。这是本章的主要目的。

一、农业伦理学萌芽期：牧草学与草原学

通常人们认为，牧草学、草原学等农业自然科学与哲学、伦理学的关联度并不高，但如果仔细研读任先生早年在草地资源调查、草原生态类型、草原学与地植物学的争论等方面的文献，就能看到任先生等老一辈农业科学家在创建草原学时所蕴含的哲学思考和伦理学智慧。

（一）牧草学：固有的农学属性

任继周先生1948年从中央大学畜牧专业毕业，在之后的两年时间里，他追随王栋先生专攻牧草学，直至1950年远赴兰州。王栋先生1940年在英国获得牧草栽培专业的博士学位，应该是国内最早的牧草学博士。抗日战争胜利后，王栋先生受聘于中央大学，任畜牧兽医系主任。1950年出版《牧草学通论》，1955年出版《草原管理学》，1956年出版《牧草学各论》。在此之前，中国在草原科学方面的教材建设几乎是一片空白。任先生在担任王栋先生助手期间阅读了大量与草有关的文献，特别是国外草原科学的资料，并对南京地区的野生牧草及其化学成分展开研究，积累了中国牧草科学最早的基本资料。

任先生抵达兰州的畜牧兽医学院之后，参与组建了牧草学研究室。当时西北草原广阔，但牧民竞牧严重，只知道利用天然草场，鲜有人懂得保护培植，导致草场极度退化。任先生认为草原工作“顶要紧”的事情，首先应该是开展西北草原调查，摸清牧区家底，制订改进计划。在时任兽医学院院长盛彤笙先生的大力支持之下，任先生联合当时国内仅有的几位牧草工作者，在极其艰难的环境中，开始了西北草原调查工作。

其中最具代表性的，就是1951年开展的皇城滩和大马营草原调研，由任先生执笔写成的《皇城滩和大马营草原调查报告》，成为当时国内第一批草原调查资料。

该调研报告不仅提供了一种牧区调研的经典范式，而且更重要的是包含了老一辈学者对天然草原系统最早的哲学认知。调研报告详细记录了所在牧区的气候、地势、地形等自然条件，也记录了民族构成、居民生产、放牧经营等社会状况，而调研的重心在于西北牧区的牧草和家畜，如芨芨草、酥油草、香草、冰草、野麦、早熟禾等主要牧草的详细性状，以及马、牛、羊、驴等草食牲畜的饲养与放牧。这份报告中，虽然并未明确定义什么是现代化的草原及其管理方法，但关于气候—土壤—牧草—牲畜—牧民的浑然一体的精妙组合，包含了任先生等老一辈草原学者整体性、系统性研究草原的宏观视角，以及科学保护天然草原的伦理学萌芽。

另外，在王栋先生给的定义的基础上，任先生对牧草有过这样的定义："牧草通常用来概括各种用来饲养家畜的草本植物、小灌木、灌木、小乔木、藤本植物乃至有毒有害草本植物等。我们通常所说的牧草，它们不只是植物学的，它有着固有的农学属性。"[①]后来，任先生对饲草、饲料的科学研究始终没有间断，在任先生所著的《草原学》教材中，依然将"牧草的调制与保存"作为独立的篇章，将牧草纳入农学范畴的视角，为后来开展我国农业结构的研究奠定了基础。

（二）草原学：不是植物学也不是动物学

在完成对西北草原资源的初步调研之后，任先生在青藏高原东缘试探建立定位站的可行性。1954年至1955年两年间带领学生选择天祝牦牛场开展教学实习，建立了与该场和当地乡政府的友谊。1956年，任先生决定在天祝藏族自治县以牦牛场为依托，建立"高山草原实验站"，开展高山草地定位研究。这就是我国现存最早的定位实验站。之后的一段时光中，任先生都是在这个被他称为"心灵安全岛"的地方艰难度过，后

① 任继周：《草类植物》，载《草业琐谈》，中国农业出版社，2013，第182-184页。

来“主要的学术思想就是在这里萌芽的”。

基于对天祝高山草原的定位研究，任先生借鉴苏联、英国等国草原管理的先进理念，从草原生产力提升、草场经营方式等角度，提出了许多开创性的方法与理论。如针对高山草原冷湿环境下，千百年来形成的草毡土，透水性与透气性太弱，导致天然植被矮小、产量低微、载畜量过低等现状，任先生提出了划破草皮、加播牧草、定期封滩育草，提高草原生产能力的理论①。再比如针对牧民长期形成的满天星式的粗放式自由放牧，导致天然草场低效利用且严重退化的问题，任先生最早引入西方划区轮牧的放牧管理思路，并率先开展自由放牧与分区轮牧的精准观测研究，为后来者积累可资引用的数据，并在牧区宣传推广轮牧的效果②。在今天看来，划区轮牧是合理利用、科学管理草原的基本手段之一，但在20世纪50年代，在遥远苦寒的西北，现代草原管理与利用完全是一片空白，要在牧区突破各种习俗和制度方面的障碍，设计轮牧方案、组织牧民实施、论证轮牧效果等工作，难度可想而知。上述草原生产力提升、草场经营方式的改变，都意味着传统与现代的碰撞，面临对与错、是与非的辩论，是草原科学与伦理学的最早交锋。

早期最具哲学特色的工作，当属任先生为“草原”给出的定义。从学术上如何精准定义草原的内涵和外延，对草原学来说是一个具有对象性的元问题。为此，任先生与地植物学派展开了争论，后者认为草原就是草本多年生植物中旱生植物占优势的自然体，任先生认为这种草原充其量只是“原草原”③，即被排除在人类社会以外，不具有农学范畴上的生产资料属性，试图以植物学来代替草原学。任先生指出，地植物学派只是把草原中的一部分元素，错误地理解为草原本身的特性。草原的生

---

① 任继周、王钦：《甘肃天祝永丰滩高山高原更新措施的研究简报》，《甘肃农业大学学报》1959年第4期，第11–22页。

② 任继周、牟新待：《试论划区轮牧》，《中国农业科学》1964年第1期，第21–25页。

③ 任继周、符义坤、朱邦长：《试论草原的发生与发展中矛盾运动的规律》，《甘肃农业大学学报》1962年第4期，第10–18页。

产特性不仅表现为植物性饲料的品质和产量，而且进一步表现为动物产品的品质和产量。草原学的全部内容，就是要探讨植物生产和动物生产关联的特殊规律，这就是草原学的基本矛盾。所以，草原在任何时期和地区，都应该包含气候、地形、土壤、植物、动物等“元素”，但这些“元素”必须通过人类的农业、畜牧业生产劳动，才能“化合”为一个新的事物——草原——一种特殊的生产资料[①]，这是一个极富哲学意味的草原定义。

草原生产能力的评定是草原学的核心部分，既是植物生产与动物生产之间的界面过程，也是显示草原学区别于农作学和畜牧学的方法论的标志之一。任先生曾多次强调，草原科学所处理的基本矛盾不是单纯的植物生产（栽培学），也不是单纯的动物生产（畜牧学），而是植物生产与动物生产之间的矛盾——界面耦合。他最担心的就是人们对草原学农学实质的不理解，不是将其误认为是植物学，就是将其误解为动物学。为此，任先生提出了畜产品单位、草原季节畜牧业等概念，详细论证了农业生态系统中初级生产和次级生产的6个转化阶段的全过程，如果深刻理解了“可用畜产品”的生产和评定的“草原学过程”，就不会出现今天工业化养殖业中“种养分离”的各种恶果。

总之，在草原科学的创建过程中，任先生整体性、系统性的理念得到了体现，这是后来草地农业生态系统理论的雏形，包含丰富的伦理学内涵。随后，任先生及其团队在草原综合顺序分类法、草原生态化学等宏观、微观研究中，无不彰显着将植物生产、动物生产的全过程包含在内的整体性、系统性、协同性的哲学范式。如草原综合顺序分类法当中，以气候—土地—植被为指标体系的综合顺序分类法；草原生态化学当中，以土壤—牧草—动物为体系，对系统内能量与矿质元素循环展开的研究。最终形成的对草原的经典定义，必然是包含了气候—土地—植物—动物—人类的五位一体的宏大整体，其中包含天人合一的哲学思

① 任继周：《草原的农学范畴及其类型问题》，《甘肃农业大学学报》1965年第2期，第41–47页。

想。这些内容就是后来农业伦理学中关于大农业、大食物、大健康、大生态等重要思想的源头。

二、农业伦理学发展期：草业科学与草地农业生态系统

如果说牧草学、草原学阶段聚焦于天然草原，即结合西方理念和本土知识开展国内天然草原的现代化管理与利用，那么草业科学与草地农业生态系统阶段则是要完全打破中西藩篱，击穿农牧边界，统筹考虑农地、林地、草地的农业结构和系统耦合，尤其是通过全球农业生产结构、食物消费结构的比对，来构建我国全新的草地农业生态系统，推动农业深入改革的过程。农业远离哲学的视线太久，以至于很多人认为农业的问题都在于细枝末节，如"八字宪法"、农业"四化"等技术问题，而完全忽视了全局性的结构性与系统性危机。任先生这一阶段的科研成果，凸显了自然科学的哲学属性。

（一）从草原学到草业科学的破局：40年前的"农业现代化"论述

早在1978年，任先生就提出甘肃省通过发展畜牧业来实现农业现代化的论述，作物区、林区也要发展畜牧业，畜牧业发展有利于土地资源开发与保护，最大程度地利用水热条件，使农村快速富裕起来等观点，以及改变不合理的农业格局，把黄土高原建成牧业基地的远见卓识。从1980年开始，任先生就与盛彤笙先生联合，开始了草原科学向广阔农业领域迈进的尝试，两位院士共同指出"畜牧业产值占农业总产值50%以上，是农业现代化的主要标志"，而"黄土高原农业格局"是无畜、少畜的"半截子农业"，"牧"才是农田、林地、草地共同的能量转化工厂和仓库[①]。两位院士的上述文字，至今读来，仍属真知灼见，仍觉振聋发聩。

真正加速学科的转型与破局，离不开钱学森先生的助推。正当任先生在甘肃农业大学讲了两年"草地农业生态系统"，苦于无法走入社会

① 盛彤笙、任继周：《黄土高原的土壤侵蚀与农业格局》，《农业经济问题》1980年第7期，第2-7页。

时，钱学森先生于1984年正式提出“草业”一词，即“知识密集型草业产业”。所谓产业就是高度综合的生产系统，就是在原有草原的基础上，将其上升到行业的高度，与农业、林业、渔业等并列①。所以，任继周院士将钱学森先生视为草业创始人之一。钱老早期对草业的理解限于天然草原牧区（43亿亩），并不包括农区和林区的草山、草坡、草地（13亿亩），后来在任先生等学者的建言之下，草业的范围逐渐突破天然草原的边界而进入传统农耕区，包括牧区与农区、南方与北方所有土地，都应该因地制宜地建立草地农业生态系统，发展营养体农业和草食畜牧业。由“草原”到“草业”，仅一字之差，却击穿了农牧边界，为学科开拓了巨大空间，使学科走上了高速发展的道路。

作为一个全新的学科，草业科学应该具有哪些分支或部门呢？从发生学角度讲，草业科学涉及内容十分庞杂，如饲用植物种质及品种、牧草栽培及人工草地建植、天然草地改良、草地资源维持与恢复、放牧家畜营养与行为、野生动物的管理、牧草虫害的防治、啮齿类动物研究、饲用植物开发利用、草地生态类型区划、牧草加工与贮藏等②。新的草业科学的学科建设面临的首要问题，就是如何将这些涉及气候、地理、植物、动物、经济、社会等众多分支学科纳入一个科学的框架体系之内，形成草业科学学科矩阵。任先生先后提出了著名的“3类因子群—3个主要界面—4个生产层—4维结构”的理论体系，奠定了草业科学的基本学科框架。早在2004年，任先生就提出将哲学概论、伦理学等纳入专业基础课，服务于自然—社会界面的构想。

这里简要介绍一下该理论框架③：草业系统包括“3类因子群”，分别是生物因子（植物、动物、微生物）群、非生物因子（大气、土地等）

① 任继周：《钱学森先生为草业科学开辟了一条新路——为祝贺钱学森九十华诞而作》，《草业科学》2002年第19卷第1期，第1-3页。

② 任继周、胡自治、张自和：《草业科学研究的现状与展望》，《国外畜牧学、草原与牧草》1993年第2期，第1-8页。

③ 任继周、侯扶江：《草业科学框架纲要》，《草业学报》2004年第13卷第4期，第1-6页。

群、社会因子（区位、生产、生活等）群；“4个生产层”是指前植物生产层（生态、环保等）、植物生产层、动物生产层和后生物生产层（草畜产品加工、流通等），其中植物和动物生产层是传统草原学的内容，向前延伸的前植物生产层和向后延伸的后生物生产层则是现代草业科学的生产体系；“3个主要界面”是指草丛—地境界面、草地—动物界面、草畜—经营管理界面，界面是系统活化剂，是不同系统的结合键，3个界面将4个生产层连缀成完整的草业系统；“4维结构”[①]是将学科体系中四大核心课程作为柱石，即草原类型学（类型维）、草原生态化学（化学维，后改称营养维）、草地农业生态学（系统维）、草业信息学（信息维），4维学说将3类因子群、3个界面、4个生产层连缀、规整、构建成完整的草业科学。

任先生构建的上述草业科学理论体系，不仅融入了很多现代物理学的概念，如系统、界面、维度、耦合等术语，而且更重要的是形成了一个农业哲学体系，将道法自然的哲学理念具象化，如将农业生产划分为4个生产层，通过分级管理、系统耦合来驱动4个轮子一齐转动，推动现代草业系统的进化，朝着草地农业生态系统方向前进，并进一步触及整个农业系统的现代化，是建立人类命运共同体的必要内涵。

（二）草地农业与耕地农业：引草入田以发挥生态生产力

1997年，任先生提出了著名的草地农业理论[②]，通过草田轮作、粮草间作等方式引草入田，并以牧草为纽带将草食家畜导入农业系统，把种草、养畜、养地结合起来，把粮、草、畜结合起来，由此形成的草多、畜多、肥多、粮多的多元化种养殖业结构，粮草兼顾、农牧结合、循环发展，以发挥生态系统自身的生态生产力。

传统的耕地农业只在耕地上生产粮食，粮食不够，就开垦土地扩大

---

① 任继周、侯扶江：《草业科学的多维结构》，《草业学报》2010年第19卷第3期，第1-5页。

② 任继周：《草地农业系统持续发展的原则理解》，《草业学报》1997年第6卷第4期，第1-5页。

耕地面积，对耕地无限索取，竭泽而渔。同时，大规模种植单一或少数几种作物，对农药、化肥、除草剂等投入品的过度使用与依赖，导致土壤污染、资源耗竭、环境压力难以承受，且面临的食物安全问题危及人类健康。耕地不足、资源约束、收益低下、不可持续已经成为耕地农业的共识性挑战，违反自然生态系统基本法则的耕地农业已经走到极限。任先生指出，耕地农业粮食增产有限，环境压力巨大，出路在于发展农区草业，农区种草是改进农业系统、保证粮食安全的重大步骤[①]。

所谓农区草业，就是将牧草引入传统耕地农业，在保证谷物生产水平的基础上，充分利用光、热、水、土等资源，在大幅度提高第一性生产的生产效率的同时，又为第二性生产提供优质、充足、廉价的饲料资源，以保证动物性食物的充分生产而不加重谷物负担。1998年，任继周院士首次提出了营养体农业[②]的概念，即以生产植物茎叶等植物营养体为主，而不是以生产籽粒为主的农业系统。籽粒农业作物对水、热节律的要求严格，尤其从孕蕾经开花到结实阶段，要求适宜的水、热匹配。而营养体农业不以籽粒生产为目的，只要求生产茎叶等营养体，生态因子匹配节律有较大弹性，因而表现为抗逆性较强，适应性远比籽粒作物广泛。营养体农业还可以在传统农耕区日照不足的情况下采用。相对耕地农业而言，草地农业增加了农业系统的多样性、丰产性、稳定性，使其逐渐趋于复杂化、扩大化，更富有弹性，形成一个生态上自我维持，经济上有强大生命力的农业系统。任先生将这种结构齐全、功能完整、健康持续的生态系统自身所发挥的潜势，称为生态生产力[③]。这种依靠系统耦合导致的同一性扩大，其动力是生态系统本身自发的生命力，不是用非正义的其他“硬实力”或“软实力”所能实现的。

---

① 任继周：《农区种草是改进农业系统、保证粮食安全的重大步骤》，《草业学报》2009年第18卷第5期，第1-9页。

② 任继周、侯扶江：《我国山区发展营养体农业是持续发展和脱贫致富的重要途径》，《大自然探索》1999年第1期，第48-52页。

③ 任继周、朱兴运：《农业生态生产力及其生产潜势——兼论“有动物农业”的重要意义》，《草业学报》1995年第4卷第2期，第1-5页。

任先生以引草入田为突破口来改造中国的传统农业结构。传统的中国粮食观中，以籽粒生产作为农业全部内涵的耕作理念，将粮食局限于谷物、粮食生产局限于谷物种植，将动物生产视为“副业”，导致籽粒之外的营养器官被废弃，动物性产品在食物消费中占比极低，引发人体蛋白匮乏和营养不良[①]。试图以单一植物生产中的籽粒生产来维持农业的正常运行，既割断了植物生产内部的正常联系，又舍弃了植物、动物、微生物三者之间的循环通路，使得生物资源、土地资源、水热资源以及劳动力资源都被严重浪费[②]。病态的食物系统是造成病态的农业系统和病态的生态系统的先导性因素，最终使农业走上了资源耗竭、山区苦垦、农村贫困的道路。食物的范围越来越窄，导致食物安全的道路越走越难。

谷物占主导地位的种植业格局，最终催生了以猪、禽等耗粮养殖（饲喂玉米和大豆等作物籽粒及其副产品）为主的畜牧业格局。中国早已成为世界第一养猪大国，与世界其他国家相比，猪肉在国民肉食结构中的比重畸高。在极度严峻的资源约束之下，中国依然以全球7%的耕地、5%的淡水资源，养活了全球22%的人口、50%的猪。人粮与畜粮的关系严重失调，出现了人畜共粮、人畜争粮的局面。与此相对照的是，我国的牛奶、牛肉、羊肉等草食畜牧产品在人均食物消费结构中的比例很低，其中牛羊肉的人均消费水平低于或持平世界平均水平，而牛奶的平均消费量仅为亚洲平均水平的一半、全球平均水平的三分之一。国内牛羊肉价格太高，奶产业竞争力不强，源于国内饲草价格过高、品质不优、产量不足，极难降低牛羊养殖成本，提高草食畜牧业产能，这形成了我国草食家畜与耗粮家畜之比明显低于世界平均水平的畜牧业格局。如果能

---

① 任继周、侯扶江：《改变传统粮食观，试行食物当量》，《草业学报》1999年第8卷第12期，第55–75页。

② 任继周、南志标、林慧龙等：《建立新的食物系统观》，《中国农业科技导报》2007年第9卷第4期，第17–21页。

以牛羊取代三分之一的猪，估计可以节约0.67亿吨谷物[①]。粮食安全问题归根结底是饲草料安全的问题。

为了应对我国农业的结构性危机，任先生提出了“藏粮于草”的著名论断[②]。粮食安全是一个动态的历史范畴，我国粮食需求量从1984年之后再无显著变化，人口增加产生的粮食需求增量，基本从粮食人均需求量下降中得到弥补，2002年到达每人每年400千克左右的口粮安全线转折点。此后就不应该再制定过高的粮食生产目标，超过这个界限就会产生饲料严重短缺导致畜产品不足的恶果。应该适时启动藏粮于草计划，发展“籽粒—营养体农业”，不仅要把错开垦的耕地退出来种草，还要将部分粮田改为草地。这样做不仅不会降低粮食产量，而且还会因系统耦合与生态生产力的释放，在粮食种植面积减少的情况下反而提高产量、保护环境，多出来的牧草、饲料，则可以用来发展草食畜牧业，生产肉、蛋、奶等畜产品，增加动物性食物的产量，改善国民膳食结构，使农业产值成倍增长。

以草地农业取代耕地农业，发展饲草产业、草食畜牧业是农业生产系统、食物消费系统逐步完善的重要途径。任先生不断呼吁，农业的危机在于农业的结构性、系统性问题，而不是细枝末节的若干技术措施能够解决的[③]，“农业结构不改变不行了”，如果在“粮食连增”的航道上惯性前行，其后果堪忧[④]。我国耕地面积不断减少且不可逆转，粮食增产余地几乎到了极限，但饲草料的增长速度依旧强劲，所以应专心致志发展草地农业。在合理利用天然草地的基础上，以稀缺的水土和耕地资

① 任继周：《节粮型草地畜牧业大有可为》，《草业科学》2005年第22卷第7期，第1–8页。

② 任继周：《藏粮于草施行草地农业系统——西部农业结构改革的一种设想》，《草业学报》2002年第11卷第1期，第1–3页。

③ 任继周、朱兴运：《中国河西走廊草地农业的基本格局和它的系统相悖》，《草业学报》1995年第4卷第1期，第69–80页。

④ 任继周：《我国传统农业结构不改变不行了——粮食九连增后的隐忧》，《草业学报》2013年第22卷第3期，第1–5页。

源，在保证粮食自给而略有盈余的前提下，大力发展栽培草地和实行草田轮作，尽可能多地生产数倍于粮食营养物质的优质牧草，发展草食家畜生产，同时减轻谷物种植对土地等资源的巨大压力。客观上来讲，我国可以用作草食家畜饲养的饲草料资源和水土地资源还有很大的空间，所以发展草地农业将是保障中国粮食安全的一个独辟蹊径的有效途径[①]。

只有深入掌握任先生在草业科学、草地农业等方面的研究积淀，才能理解他随后创立农业系统发展史、农业伦理学时所面临的严峻的现实背景，以及鲜明的目标导向。

三、农业伦理学成熟期：农业系统发展史与农业伦理学

草地农业的先进性，虽然已经用自然科学方法反复证明，但改造农业结构的宏大使命，不光在于科学试验，还在于再造农业文化。在草地农业走出实验室、试验站的过程中，遇到的第一个障碍就是数千年耕地农业和它所依附的农耕文化。任先生用第一个十年完成了《中国农业系统发展史》，再用第二个十年完成了《中国农业伦理学》。任先生表示，“被迫涉足文化和历史，以一个草业工作者旁及人文科学，实为不得已而为之”[②]。二十年来硕果初现，以新文化促进新产业的征帆已经远航。

（一）农业系统发展史：农业伦理学诞生前的最后准备

自1980年任先生开始研究黄土高原的农业格局，30年后的2010年，任先生再次阐述了农耕文化的流弊，指出黄土高原“破坏与征服的历史”应该结束，以及草地农业在古老高原上的潜力，只有文化现代化，才有农业系统的现代化[③]。任先生及其团队在对草地农业系统进行了30多年的科学试验和周密论证之后，认为传统农耕文明根深蒂固，必须重构农

① 任继周、林慧龙、侯向阳：《发展草地农业，确保中国粮食安全》，《中国农业科学》2007年第40卷第3期，第614–621页。

② 任继周：《任继周文集·卷首语》（第四卷），中国农业出版社，2015，第1页。

③ 任继周、胥刚：《传统农耕文化在黄土高原上的困境与机遇》，《草业科学》2010年第27卷第3期，第3–8页。

业文化，才能有助于新的农业系统的推广。

早在2004年，任先生就反驳了主流农史中以神农氏发明农耕（种植业）作为中国农业的起源的论点，提出中国农业发轫于伏羲的畜牧时代，最早的种植业或许是从学习种草、养畜开始的[①]。继续溯流而上，跨界对中国史前时代历史分期及其农业特征展开翔实考究，这些繁重工作的目的就是，回到中国农史的源头去重新定义究竟什么是农业，呼吁国人应该从单一谷物生产的农耕文化的长梦中醒来，充分认识到“以粮为纲”所导致的土地利用的偏颇、文化多样性的受损，以及生产、生态的两败俱伤和举国之忧的“三农”问题等。只有囊括了植物、动物、微生物为一体的农业生态系统的整体性和多样性，才是生态文明的曙光，回归“人、地、天、道”的“四大”和谐发展的自然观。

在此基础上，任先生痛下决心对中国农业文明进行改造。在《中国农业系统发展史》一书的序言中，任先生旗帜鲜明地表示，这部农史是从生态系统的整体性角度来阐述包含了采集渔猎、畜牧、农耕等农业形态在内的“农业系统史”，以区别于以种植业为主的“农耕史”[②]。尤其是将史前时期的农业统称为“原始草地农业系统”，并逐步阐述了耕地农业的诞生与草地农业在中原大地的此消彼长，再到农耕占据绝对主流并发展到自然界所能承受的极限的过程。这部全新的农业史，包含着鲜明的理论追求，剑指“以粮为纲”的痼疾，认为只有回归草地农业才是正义之举。可以说，这是一部农业的“系统史”，更是一部“哲学史”。

春秋时期的管子提出“作内政而寄军令”的改革措施。“粟多则国富，国富则兵强”，谷物种植被视为最重要的战略物资。商鞅相秦，寓兵于农，举国耕战，至秦始皇养成“虎狼之秦”一统天下。《汉书·食货志》有言“辟土植谷曰农”，是世界上最早、最偏颇的农业定义。到了汉代，农耕文化与儒家思想结合成为主流意识形态，但耕地面积依然不过

① 任继周：《中国农业史的起点与农业对草地农业系统的回归——有关我国农业起源的浅议》，《中国农史》2004年第3期，第3–7页。

② 任继周主编《中国农业系统发展史》，江苏凤凰科学技术出版社，2015，第1页。

占国土总面积的5%左右，好比是散于广大荒漠之中的零星绿洲，绝大部分国土依然属于草地农业的放牧畜牧业。但从此两千多年来，“耕战论”却一以贯之。明清时期，人口激增，屯田遍天下，“山之悬崖峭壁，无尺寸不垦”，丘陵山区被垦殖殆尽。到新中国成立后的“以粮为纲”“备战备荒”将“耕战论”发挥至巅峰，各地把争取粮食封闭性自给定为农业最高目标，以严密的户籍制度和农村行政系统，空前强化农民与土地的联属关系，全民支援战争、支援建设，把种植业推向自然承受的阈限[①]。

任先生的农业系统史，貌似在讲述耕地农业和草地农业的交替，但其目的是要指出今天耕地农业的流弊和长期的不良影响，并呼吁草地农业和生态文明的两千年回归，以此改造耕地农业、农耕文明，这是这部农业系统史包含的最核心的思想。在编写农业系统史的同时，任先生团队还编写了《中国农业伦理史料汇编》。这些农业系统史方面的研究工作，已经为农业伦理学的正式诞生做足了最后的准备。

（二）农业伦理学：由自然系统感悟其相对的社会系统

2011年，任先生出版了专著《草业科学论纲》，这本书不是教人去做什么，而是教人不去做什么，称为“不可行性论证”。该书的扉页上写道：“要有能做什么的知识，还要有不能做什么的知识，才是知识的全称。只有能做什么的知识，没有不能做什么的知识，比没有知识更危险。”[②]彼时，农业伦理学已经含苞待放、喷薄欲出。2014年，90岁高龄的任继周院士在兰州大学开设农业伦理学系列讲座，标志着这个学科在中国诞生。其实，在此之前，任先生曾因重病住院，但对农业伦理学的牵挂始终未减，他在病床上暗下决心，如果有幸能够出院，再有两三年时间，一定要开设农业伦理学课程，完成农业伦理学著作。他曾写道：“如眼看我国农业航船的漏洞汩汩进水而漠然离去，我将枉此一生，罪不

① 任继周：《论华夏农耕文化发展过程及其重农思想的演替》，《中国农史》2005年第2期，第53-58页。

② 任继周：《草业科学论纲》，江苏科学技术出版社，2012。

可恕。”[①]每每读到这里，笔者都悲戚难当，仿佛看到一个风烛残年的老人，仍然在暗夜之中使尽浑身解数，想要推开人类通向生态文明的沉重大门。

若要问什么是“农业伦理”，翻遍《中国大百科全书》《伦理学大辞典》等权威工具书，都查不到这个词条。但凡有生产、生活实践的地方，就应该有伦理，如科技伦理、医学伦理、经济伦理等不一而足。但偏偏没有农业伦理，作为数千年的农业文明古国，这令人错愕。任先生创立农业伦理学，绝不是为了标新立异地去捡漏，而是被问题牵引而来。先生早年目睹国民体质孱弱，动物性蛋白匮乏，立志改善国民营养，后来又以草地农业、草食畜牧业等为突破口来撬动中国的农业结构与农业系统改革，终身为打破“以粮为纲”的紧箍咒而呐喊。涉足中国农业伦理学，是任先生40年研究农业生态系统科学的必然结果。

任先生定义的农业伦理学[②]，是研究农业行为中人与人、人与社会、人与生存环境发生的功能关联的道德认知，并进而探索农业行为对自然生态系统与社会生态系统这两大生态系统的道德关联认知的科学。农业伦理学是由时之维、地之维、度之维和法之维的多维结构构建的科学实体[③]。各个维度都有自己的特殊功能，但四者不能单独作为。它们的功能具有整体性，即全有或全无（all or none），四者之中缺乏任何一项，农业伦理学功能将全部丧失。同时，以草地农业为代表的现代农业模式，借助农业多层结构和各层之间的系统耦合引发系统进化，农业的耦合层越丰富，界面的开放功能越发达，生产效益就越高，农业伦理学的容量也越大，是为农业层积之法[④]。农业层积之法是农业系统生存与发展的伦理学要素，也是草地农业与农业伦理学发生密切关联的范例。另外，我们

① 任继周：《任继周文集·卷首语》（第十二卷），中国农业出版社，2021，第1页。

② 任继周主编《中国农业伦理学概论》，中国农业出版社，2021，第5页。

③ 任继周、胥刚、林慧龙等：《中国农业伦理学的多维结构》，《兰州大学学报》（社会科学版）2020年第3期，第1-7页。

④ 任继周、林慧龙、侯扶江：《农业层积之法的农业伦理学诠释》，《兰州大学学报》（社会科学版）2018年第4期，第1-7页。

还需突破“海内即天下”的陆地农业养成的“封闭式自给”的思维定式，将海内陆地农业系统与海外农业生态系统实现系统耦合，以全球农业资源的生产潜势来发展全球农业，以陆海农业系统的伦理高度来构建人类命运共同体[①]。

中国自20世纪80年代开始，40多年匆忙走完了发达国家300多年的工业化道路，进入后工业化时代，热衷于GDP，农业伦理严重缺失。当前应聚焦生产与生态兼顾的问题，尊重自然，持续发展，彻底消除城乡二元结构的历史伤痕[②]。工业文明的历史功绩不容磨灭，但其思想根底在“征服自然”，将达尔文的物种进化论异化为“达尔文主义”，于是弱肉强食的工业丛林法被“理性”认同，远离“自然”与仁爱。人间苦难都是人类违反“自然”无知妄为的恶果。远在两千多年前，中国的老子创造了“自然”一词，提出“道法自然”的方法论。孔子借鉴了老子的自然观，老子、孔子共同高举自然观的火炬，闪耀于地球的东方，是为人类伦理观的第一高峰。在后工业文明时代，地球东方自然观的智慧之光引起世人关注，并将引导人类走向回归自然的生态文明之路，这恰似“道法自然”的螺旋式上升，历时两千多年的自然大回归[③]。任继周院士的农业伦理思想，立足于继承和发扬中国数千年积累下的农业伦理智慧，着眼于解决后工业社会面临的生态危机，致力于推进生态文明建设的宏伟实践，引领了现代中国农业伦理的新思潮。

思想家是时代的思想家。先秦时代的管仲等人，并未对生产技术进行多少革新，而是在制度变革上下功夫。改革开放四十多年，中国解决了吃不饱的问题，但吃得好、吃得放心、吃得多样，又成为新的挑战。作为草业科学奠基人的任先生，为了改造中国农业的自然生态系统，不

① 任继周：《中国亟需从陆地农业到陆海农业的战略转移——中国实现农业现代化的最后一个台阶》，《草业学报》2020年第29卷第8期，第1-5页。

② 任继周：《“时”的农业伦理学诠释》，《兰州大学学报》（社会科学版）2016年第4期，第1-8页。

③ 任继周、郑晓雯、胥刚：《自然，世界东方升起的生态文明的灯塔》，载任继周主编《中国农业伦理学进展》（第三辑），中国农业出版社，2023，第56页。

得不对农业社会生态系统展开思考，如进军农业系统发展史，进而创立农业伦理学。其中包含了他以历史、哲学方法再造中华农业文明的雄心，并以农业伦理学为农业农村现代化提供一个方向。

四、任继周创立的农业伦理学的独特气质

伟大的思想源自传奇的阅历。纵观任继周院士的学术人生，从牧草学、草原学，到草业科学、草地农业生态系统，再到农业系统史、农业伦理学，每一个学科都是从零到一的探险之旅，走过了一条不断拓荒的学术之路，最终将所有智慧汇集到农业伦理学上。任先生穿梭在这么多不同学科门类之间，通过多学科交叉融合而取得如此非凡的成就，如同“挟泰山以超北海”。笔者尝试结合任先生的传奇人生，通过时间与空间、东方与西方、自然与社会等三个方面的碰撞融合，来呈现任先生创立的农业伦理学这门交叉学科的别样风采。

（一）时间与空间的结晶

任先生于1924年出生于山东省平原县，正值军阀混战，国家积贫积弱，国民食不果腹。任先生于1944年以优异成绩考上中央大学畜牧系，立志改善国民营养。1949年后，经先师王栋先生推荐，投奔到西北畜牧兽医学院的盛彤笙先生麾下从事牧草学研究，在西北经历了“以粮为纲”时的农业支持工业、“大跃进”时的各地“放卫星”、改革开放后的包产到户等重大历史变迁。1978年参加全国科学大会，他迈出了一个科学工作者的坚毅步伐。1981年创办甘肃草原生态研究所，以改变我国农业结构为己任。面对后工业文明时代衍生的各种危机，任先生又高擎生态文明大旗，进军农业系统发展史，创立农业伦理学，吹响“皈依自然”的号角。至今一百年沧桑岁月、风雨人间，所有智慧都凝结在最后的农业伦理学之中。

任先生早年因战乱频仍，辗转于鲁、鄂、川、渝等地读小学和中学，后在南京读大学。毕业后举家迁往兰州，足迹遍及甘肃、青海、宁夏、内蒙古、新疆、云南、贵州、四川等省区，对黄土高原农业格局、河西

走廊山地荒漠绿洲耦合系统、西南岩溶草山草坡等代表性区域的典型草地农业生态系统的观察研究，倾注了毕生精力。2014年任先生90岁生日时，有对联曰“齐鲁多才俊，金陵铸学风，陇上酬壮志，莽原碧草心”，生动概括了任先生穿越世纪、凿通空间的阅历。任先生曾说，甘肃兰州处于两大阶梯、三大高原交会处，在这个农耕文明与畜牧文明碰撞界面的特殊时空场域中，才能“生长”出草地农业学、农业伦理学这样的交叉学科。辽阔西部的草原类型、农业格局、乡村风貌尽收眼底，最终内化为农业伦理学对中国农业农村的深沉关怀。

（二）东方与西方的碰撞

任先生虽然偏居西北一隅，却能时刻与国际先进水平保持同步。20世纪40年代，他吸收了英国草原学之父戴维斯提出的土壤—牧草—动物三位一体的学术观点；50年代的教学工作参考了苏联拉林的《草地学与放牧地管理学》和英国斯托达特等著的《草原管理学》，作为草原学草创资料；70年代，斯皮丁的《草地生态学》加速了草地农业生态系统理论的成熟。1978年以后，任先生先后访问了美国、英国、德国、法国、荷兰、澳大利亚和新西兰等主要的草地畜牧业国家，目睹了西方的现代农业植根于发达的草业和畜牧业之上。任先生草业科学的理论源头，至少包括欧洲畜农业、美国畜牧业、俄罗斯草地植物学等。1999年，欧洲农业和食品伦理学协会成立，联合国粮食及农业组织也建立了农业和食物伦理委员会。上述世界农业、比较农业的开阔视野，为中国农业伦理学的创立提供了丰富的养料。

任先生一生深受胞兄任继愈等著名哲学家的影响，尤其重视东方学术方法中注重研究整体性和自发性、研究协调与协同的特点，并将其运用到生态系统理论当中。任先生将老子视为中国自然观的创立者和首席宣讲人，又对孔子借鉴老子自然观而形成的自然与仁爱的合体高度赞赏。任先生为兰州大学草地农业科技学院创设的院训就是“道法自然，日新又新”，融合了道家和儒家的精髓。晚年的任先生，以极度务实和谦逊的姿态来看待农业伦理，认为科学的首要目标只是理解自然，人们所能做出的最高成就只能是认知积累、经验模型，这就是人类“创新”的顶峰。同时，任先生也时刻警惕农业伦理学的复古倾向，防止其被小农模式、乡绅文化等“绑架”。任先生上述东西学养的交融碰撞，为其农业伦理学思想勇立时代潮头奠定了寻常人难以企及的雄厚基础。

（三）自然与社会的耦合

农业科学是自然科学与社会科学的融合科学，抓住这一点才算抓住农业科学的命门，遗憾的是，这在当下恐怕很难达成共识。农业科学与社会科学的疏离已经太久，以至于农业变成了一个纯粹的技术性学科，让工具主义占据了上风。关于农业的定义历来很多，任先生反复强调的是，农业是自然生态系统社会化的过程，是自然生态系统与社会生态系统的耦合体。任何生物都处于某一生态系统之中，相互竞争，相互依存，任何生态系统都是互为依托的整体的一部分。无论系统大小，都应得到尊重以保全其整体性，亦即恪守生态系统多样性原则。所以，农业技术只有置身于农业系统之中才有意义，忽略了这种具体与整体、竞争与共生之间的关系，就容易导致许多不正确、非正义的事情发生。这是农业与哲学交叉的基点。

任先生在开展草业科学的教学科研过程中，始终重视草业与经济、法律、社会、历史、哲学等学科的交叉，每每亲自参与其中，和青年学者奋战在创作第一线，上述每一个交叉领域都形成了很多有价值的学术成果。这对研究者在自然科学和人文社科方面的要求之高远、之广博、之深入可以想见，任先生却始终谦虚地说自己是“不得已而为之”。读过先生文章的人，无不为他深邃的思想、渊博的学识、优雅的文笔所折服。任先生以中国草业科学奠基人的身份名满天下，却身体力行转而研究农业史、农业伦理，正是为了打破人们对农业科学的狭窄偏见，修正中国人数千年“以粮为纲”的痼疾。理解上述文理交叉融合的过程，是理解任先生农业伦理学囊括万象的不二法门。

五、草地农业与农业伦理学之关联

如上所述，任先生多年以来一直是在两条战线上作战：一条是草地农业本身的科学研究和技术研发，一条是为打破耕地农业的文化传统而创立的农业伦理。草地农业与农业伦理是改造中国农业结构这一枚硬币的两个方面，是同一件事情分别在自然科学和社会科学当中的两种不同表述范式。任先生毕生构建的草地农业生态系统理论，最终历经沧桑而百川归海，汇集和升华形成了农业伦理学。如果说草地农业是一条汹涌激荡的江河，那么农业伦理学就是江河汇入后的汪洋巨浸。

草地农业是什么？草地农业与传统的耕地农业相对，通过引草入田，尤其是引入豆科牧草，来改变过去谷物生产过度单一的种植业格局；将畜牧业尤其是草食家畜引入耕地农业当中，调整以猪禽占据主流的畜牧业结构。草地农业充分发挥生态系统多样性而产生的生产力就是生态生产力。任先生的草地农业生态系统，不是要成为农业系统中的一个部分，而是要成为全新的生态文明时代的农业系统的全部。所以，任先生所构建的草地农业生态系统，是最接近正确、美好的农业伦理标准的农业范式，其中可能包含不同生态地域的不同版本，但草地农业必然以农业伦理为最终依归。

农业伦理学是什么？草地农业生态系统是自然生态系统与社会生态系统的耦合体，通过草地农业自然生态系统来感悟与之对应的社会生态系统，必然产生农业伦理学。草地农业在历史的夹缝中筚路蓝缕，但是“香火”不绝，其中有农业史和伦理学的精妙法则。草地农业系统被视为现代农业生态系统的典范，而农业不过是农业化的天然生态系统的一部分，仍然不能脱离生态系统的层积之法和基本规律。我们常把生态系统科学作为生物科学的哲学，它从根本上探究生态系统生存过程的基本道理，判断生物界的是与非。所以，农业伦理学是草地农业生态系统的哲学升华。草地农业生态系统只有与农业伦理学充分衔接，才算步入了现代农业。

任先生一生都在完善他的草地农业、农业伦理理论体系，并期望以此改变我国危机四伏的农业结构。如何把草地农业、农业伦理的知识传授给社会，尤其是决策者、基层一线的领导者、产业一线的实践者？这是任先生曾反复思考的问题，也是笔者作为任先生思想史的研究者所致力于破解的问题之一。

恰逢任先生百岁寿辰，作为学生和助理，作此文以恭贺之。愿任先生健康长寿，笑看中国农业伦理学春色满园、新笋勃发。

第三章
农业复杂开放巨系统中的“农业伦理矩阵”

鉴于农业领域科技应用、市场行为和公共治理的高度复杂性，我们尝试提出“农业伦理矩阵”这一理论框架与分析工具，来引导社会的价值判断和政府的公共决策。早在1994年，英国食品伦理委员会（Food Ethics Council）就建立了“伦理矩阵”（Ethical Matrix），帮助个体或团体决策者在食品和农业领域中现存的或有待审核的技术的伦理接受度和在最佳调控手段上做出健全可靠的判断和决定，这一分析工具经逐步发展完善而成为相关公共决策的重要参考。本章借鉴该伦理矩阵的方法，在当前农业伦理学的学科基础之上，构建更加适合中国农业发展与文化传统的“农业伦理矩阵”，为接下来开展的农业科技的评价、监督、治理等实践工作，提供更加系统和规范的考量。

兰州大学任继周院士团队对以草地农业为代表的农业复杂开放巨系统展开了长达70年的科学与哲学研究。他以还原论、整体论、系统论等方法，创建了草原学、草业科学、草地农业生态系统学、农业系统发展史、农业伦理学等标志性成果，已经全面地呈现了农业复杂开放巨系统的内部结构、整体全貌、系统耦合。2014年，兰州大学的草业科学工作者联合哲学与伦理学领域的同仁，展开了草地农业与农业伦理之间的对话，构建起新农业科学与新哲学之间的桥梁，形成了较为完备的农业伦理学理论基础。农业伦理在指导实践方面还处于初步探索阶段，这需要更加具体的分析工具。我们尝试构建的“农业伦理矩阵”就是一种半定量化的交叉量表，尝试为农业科技应用、农业政策决策等方面的工作提供解决方案。同时也作为草地农业与农业伦理学相结合的一个研究实例，汇入农业伦理学这门新学科的大海之中。

一、农业复杂开放巨系统需要矩阵方法

1994年，英国诺丁汉大学本·梅佩姆（Ben Mepham）教授首次提出“伦理矩阵”[①]，其在欧洲国家的不同团体组织和委员会得到了广泛的应用。该矩阵包括伦理原则、利益相关者、应用方式及伦理分析等内容，矩阵横轴以功利主义、康德主义、罗尔斯主义为理论基础，设计了幸福、自主、公正三大原则；矩阵纵轴将生物、生产者、消费者、生物圈四类利益群体纳入伦理评价中，交叉形成一种清单式的量表就是伦理矩阵。该矩阵的应用方法分为自上而下（Top Down Approach，简称TDA）和自下而上（Bottom Up Approach，简称BUA）两种，前者主要是专家主导的伦理问题研讨，更具权威性；后者侧重不同利益相关者的意见和观点，更具民主性。毛新志等人结合上述两种模式的优缺点提出了整合模式[②]，该模式在伦理评价的专业性和参与度两个方面都有所提升。伦理矩阵及其改进后的版本，在国内的应用也较为广泛，如转基因技术[③]、渔业技

① Mepham B., Brom F. W. A., Gremmen B.,“A Framework for the Ethical Analysis of Novel Foods: The Ethical Matrix,” *Journal of Agricultural and Environmental Ethics*, no.2(2000): 165-176.

② 毛新志、李思雯：《神经增强的伦理矩阵研究》，《自然辩证法通讯》2019年第10期，第83-89页。

③ 雷毅、金平阅：《伦理矩阵方法在转基因技术评价中的应用》，《南京邮电大学学报》（社会科学版）2012年第14卷第3期，第50-55页。

术[1]等伦理评价，以及生物医学[2]、林业保育[3]等实践领域也多有应用。本章借鉴了上述伦理矩阵的实践经验与应用场景，结合目前农业伦理学的理论基础与学科框架，创新性地提出“农业伦理矩阵”这一分析工具。这就需要对以草地农业为代表的高度复杂的农业巨系统的发展历程有一个清晰的认识。

农业的问题不是来自哪一个单独的技术领域，而在于整个复杂开放的巨型系统，这个认识是我们构建农业伦理矩阵的前提。20世纪80年代，我国的复杂性研究起源于钱学森[4]，他提出开放复杂巨系统（OCGS）理论，认为复杂性研究应该从工程技术到技术科学再到基础科学这三个层次，再到科学通向哲学的桥梁，被概括为“三个层次一座桥梁”的理论体系[5]。钱学森还提出系统论的研究方法，认为系统论吸收了还原论和整体论的长处，也弥补了二者的局限，既超越了还原论，又发展了整体论，是二者的辩证统一[6]。苗东升[7]、于景元[8]等也指出了复杂性的来源与复杂的多层次结构，认为复杂性研究应遵循“把复杂性当作复杂性处理”[9]的方法论原则。“自然界的灵魂深处”是高度复杂和模糊的，这并非自然界

① 毛新志、李思雯：《神经增强的伦理矩阵研究》，《自然辩证法通讯》2019年第10期，第83–89页。

② 吴乐倩、孔祥金：《伦理矩阵改进：一种生物医学技术伦理评估工具的构建》，《中国医学伦理学》2024年第37卷第8期，第877–884页。

③ 刘思源、唐晓岚、孙彦斐：《基于伦理矩阵的我国自然保护地生态保育机制探究：逻辑、困境及发展路径》，《世界林业研究》2020年第33卷第6期，第86–91页。

④ 钱学森：《论系统工程》（增订本），湖南科学技术出版社，1988，第324页。

⑤ 钱学森、于景元、戴汝为：《一个科学新领域——开放的复杂巨系统及其方法论》，《自然杂志》1990年第13卷第1期，第3–10页。

⑥ 于景元：《钱学森系统科学思想和系统科学体系》，《科学决策》2014年第12期，第2–22页。

⑦ 苗东升：《论复杂性》，《自然辩证法通讯》2000年第22卷第6期，第87–92页。

⑧ 于景元、刘毅：《复杂性研究与系统科学》，《科学学研究》2002年第20卷第5期，第451–453页。

⑨ 苗东升：《系统科学原理》，中国人民大学出版社，1990，第666页。

的反常和例外，而是自然界的普遍特征[①]。所以，旧科学以抽离、占有、解剖、还原论为特征，新科学以参与、补给、整合和整体论为特征[②]。卢风认为，与上述“新科学”相对应的应该是“新哲学”，它消解了人与自然的二元对立，也实现了科学与哲学的充分结合[③]。

以草地农业系统为代表的农业系统，自身的高度复杂性及其研究经历了一个本体论与认识论的变迁过程。早在20世纪80年代，任继周意识到草原学从生境到草地、到家畜、到产品、到流通，包括复杂的社会生产系统，草原学的内涵和外延超越了一般学科的界限，面临“大脚穿小鞋”的困境[④]。恰值钱学森提出复杂性问题研究方法，钱学森在给任继周的信中写道：“草产业就是一个非常复杂的生产体系，为了管好，就一定要用系统工程的科学方法。”[⑤]任继周吸收了钱学森的建议，将系统工程引入现代草业体系，并在钱学森创建的中国系统工程学会之下成立了草业专业委员会。以此为契机，任继周加速创建以草业科学3类因子群、4个生产层、3大界面等为主体的学科框架[⑥]，完成了草原学向草业科学的跃迁，“钱学森先生对草业科学的贡献是里程碑性质的”[⑦]。后来，为改造我国以谷物种植为主体的耕地农业的农业结构，任继周打破农区与牧

---

①詹姆斯·格雷克：《混沌：开创新科学》，高等教育出版社，2004，第61页。

② Jeremy Rifkin, *The Third Industrial Revolution*: *How Lateral Power is Transforming Energy*, *the Economy*, *and the World*. (New York: Palgrave Macmillan, 2011), p.224.

③ 卢风：《生态文明新时代的新科学和新哲学》，《环境与可持续发展》2019年第6期，第35-37页。

④ 任继周：《钱学森先生草业思想的形成与发展》，载任继周著《世纪草业的求索与守望——任继周选集》，江苏凤凰科学技术出版社，2015，第12-17页。

⑤ 任继周：《悼念钱学森先生》，载《草业琐谈》，中国农业出版社，2013，第10-17页。

⑥ 任继周、侯扶江：《草业科学框架纲要》，《草业学报》2004年第13卷第4期，第1-6页。

⑦ 任继周：《钱学森先生为草业科学开辟了一条新路——为祝贺钱学森九十华诞而作》，《草业科学》2002年第19卷第1期，第1-3页。

区的边界[①]，提出草地农业生态系统理论、系统耦合与系统相悖理论以释放农业系统自身的生态生产力[②]。为了重铸农业文明，任继周以整体论、系统论的视角，在农业系统发展史[③]、农业伦理学等领域又做了许多开创性工作[④]。

本章基于前人对农业系统高度复杂性的认知，并结合新科学、新哲学围绕复杂巨系统所取得的成果，继续完善农业伦理的分析工具。

二、研究方法与分析框架

现代科学技术一方面呈现出高度细分，另一方面又呈现出交叉融合，两者相辅相成、相互促进。以草地农业为代表的农业系统的研究方法，同样表现出这样的态势。本章结合草地农业理论来介绍还原论方法、整体论方法、系统论方法等科学方法，并以此提出本章的一个分析框架。

（一）研究方法

一是还原论与系统内部结构。所谓"还原论"就是把复杂的研究对象向内进行不断分解，认为把细分部分研究清楚了，整体也就清楚了。如物理学将物质分解到夸克层次，生物学将生命细分到基因层次。这种方法论使现代科学技术取得了巨大成就，并且还将继续朝着更加细分的方向纵深发展。现代草业科学也是在这样的方法论上构建而成的，如将复杂的草地农业系统分解为生境、植物、动物、产业等四个生产层，以勾勒出复杂系统的内部结构，并在各个生产层开展诸如分子育种、牧草栽培、动物营养等更加深入的研究。

二是整体论与系统整体全貌。复杂系统被细分为局部之后，极易导

① 任继周：《农区种草是改进农业系统、保证粮食安全的重大步骤》，《草业学报》2009年第18卷第5期，第1-9页。

② 任继周、朱兴运：《农业生态生产力及其生产潜势——兼论"有动物农业"的重要意义》，《草业学报》1995年第4卷第2期，第1-5页。

③ 任继周：《中国农业史的起点与农业对草地农业系统的回归——有关我国农业起源的浅议》，《中国农史》2004年第3期，第3-7页。

④ 任继周主编《中国农业伦理学概论》，中国农业出版社，2021，第39-48页。

致各部分之间的关联丧失，于是把每个局部弄清楚，也很有可能回答不了系统整体的问题，如搞懂了夸克和基因，也回答不了物质和生命的问题。诺贝尔奖得主李政道曾指出，“总结20世纪物理学的发展，可以简单地说，它着重简化、归纳”，“我猜想21世纪的方向要整体统一”[①]。所以仅靠还原论是不够的，还需要“整体论”的研究方法。任继周团队在开展牧草品种、反刍动物研究的同时，时刻不忘整体研究的视角，如针对黄土高原、西南岩溶、河西走廊等复杂应用场景的整体性研究。最能体现任先生整体论方法的典范，应该还是农业伦理学的四维结构。

三是系统论与系统耦合升级。系统学是揭示系统存在、演化、协同、控制与发展规律的学问，主要是针对复杂巨系统而提出的，是综合的综合、集成的集成。但系统论又不只是“组装”或“拼盘”，而是更加强调微观局部之间的关联互动。相比于整体论而言，系统论更加强调系统耦合产生的潜能释放与功能跃迁。所以，系统科学是从事物的整体与部分及层次关系的角度来研究复杂世界的，且能把自然科学、社会科学等领域研究的问题联系起来，开展交叉性、综合性、整体性研究。任继周提出的草地农业生态系统理论、系统耦合与系统相悖理论、农业系统发展史理论、农业伦理学理论等都是系统论的杰出成果。

（二）分析框架

对以草地农业为代表的极度复杂和精密的农业生态系统，我们按照还原论、整体论、系统论的方法，逐一呈现其系统内部结构、系统整体全貌、系统功能耦合等方面的研究成果，并分别选取农业四个生产层、农业伦理学四维结构、农业伦理矩阵为代表，来构建本章的研究框架。本章提出的农业伦理矩阵是农业伦理学的组成部分，是对农业复杂开放巨系统的一个实践性探索。分析框架图如图3-1所示。

① 李政道：《前沿学科热点话题卷首语》，《科学世界》2000年第1期，第1页。

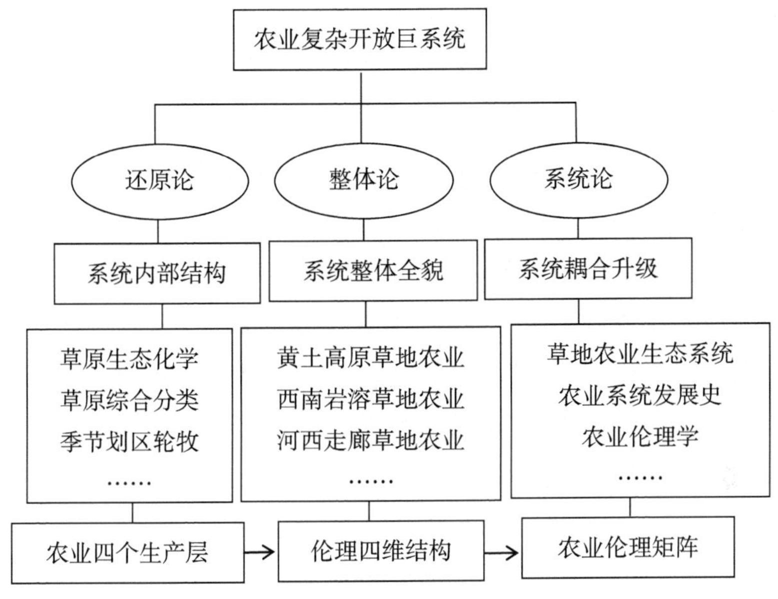

图3-1　分析框架图

图3-1第一行是我们的研究对象，以草地农业为代表的复杂农业系统；第二行是本章的研究方法，梳理以还原论、整体论、系统论等方法对农业复杂开放巨系统已经获得的研究成果，尤其是任继周院士团队在草地农业领域的成果。还原论解答的是复杂系统内部结构；整体论解答的是复杂系统整体面貌；而系统论则谋求系统功能的耦合升级，最大化地谋求人类福祉和可持续发展的途径。第三行是草地农业生态系统在以上研究方法中所对应的部分研究成果，本章选取四个生产层作为系统内部结构的代表成果，选取农业伦理时、地、度、法四维结构作为系统整体的代表成果，同时将草地农业生态系统理论、农业系统发展史、农业伦理学等作为系统方法的代表成果，尝试以此为背景来构建“农业伦理矩阵”。

三、还原论视角下农业系统中的“四个生产层”

以草地农业为代表的农业复杂开放巨系统，应该如何展开细分研究呢？钱学森曾问任继周：“林业有16个产业部门，草业有多少？”[①]为此，任继周带领团队对草原这一复杂的开放巨系统进行了具体化的分类研究，以加速构建现代草业自己的体系。最早从草原利用与改良、草原生产能力评定、草原季节畜牧业、草原生态化学、草原类型学等微观角度着手开展还原研究。如在草原生态化学的理论中，提出了以土壤—牧草—动物为主干的能量与矿物元素循环的规律；在草原综合顺序分类法中，以气候—土地—植被等丰富的指标体系来构建的新型分类方法。但要说最具代表性的还要数草业科学的四个生产层、三大界面的理论，它们已经成为全国草业科学教学与实践的基本架构。这里通过图3–2来展开讨论该架构所包含的科学与哲学内涵。

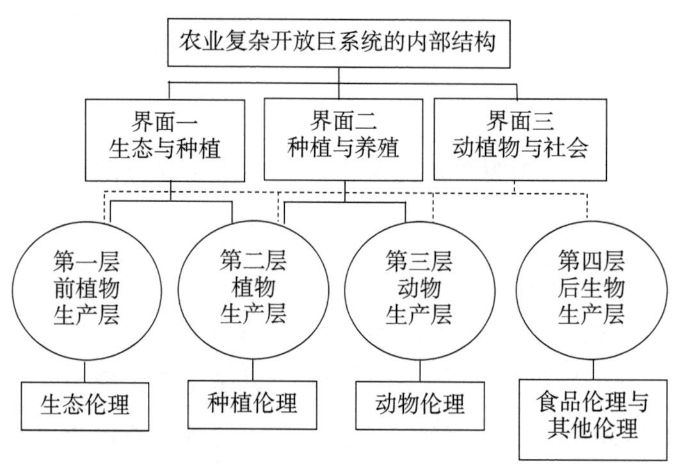

图3–2 农业复杂开放巨系统的四个生产层

如图3–2所示，图中第一行是我们的研究对象农业复杂开放巨系统，第二行是四个生产层交叉形成的三大界面，第三行就是四大生产层，第四行是四大生产层对应的一些伦理问题。所谓“四个生产层”是指，前

① 任继周：《钱学森先生为草业科学开辟了一条新路——为祝贺钱学森九十华诞而作》，《草业科学》2002年第19卷第1期，第1–3页。

植物生产、植物生产、动物生产、后生物生产，这是对草地农业复杂开放巨系统进行长期的还原研究所得出的结论。其中前植物生产层重视农业系统的生态价值，涉及土壤、水体等自然资源保护及生物多样性等最基础的生态伦理观；植物生产层有籽粒类型与营养体类型两大生产类型的关系与结构，涉及农药、化肥等农资的外部投入，以及种植业内部结构的合理性问题；动物生产层是维持适度经营规模，划区轮牧与集中舍饲相结合，重视农场动物福利，根据资源禀赋调整养殖业结构；后生物生产层进一步延伸到农产品的后期加工、流通以及与之相关的市场和金融领域，涉及食品安全伦理与附加值分配等社会伦理。所谓“三大界面”是指，农作物与地境之间的界面、植物生产系统与动物生产系统之间的界面、动植物农业系统与食物加工等社会行为之间的界面[①]，其中第三界面动植物与社会，包含了前三个生产层与最后一个生产层之间的关联，用虚线标出以示区别。界面在生态系统中的功能与引发的问题已经深深融入农业科学和农业生产的伦理观全过程，包含了农业产业发展的全链条，以及系统相悖而孕育、衍生出的众多社会问题[②]。

上述草业科学框架、草地农业生态系统理念，是用复杂科学、系统科学等“新科学”武装过的“新农业科学”，其中也融入了新哲学与伦理学的丰富内涵。该理论是针对中国传统农业以农耕种植为主体的结构扁平、阈限狭窄的畸形模式提出的，四个生产层好比现代农业的四个轮子，体现了现代农业多层级、多结构、多功能的属性，以及各层级之间的系统耦合所引发的系统进化、效益叠加、生产力释放的新的农业科学模式。农业的耦合层越完善，界面的开放功能越发达，生产效益就越高，农业伦理学的容量也越大[③]。农业的四个生产层是环环相扣、互相依存的农业

① 任继周、南志标、郝敦元：《草业系统中的界面论》，《草业科学》2000年第9卷第1期，第1-8页。

② 任继周、方锡良、侯扶江：《论农业界面的伦理学涵义》，《自然辩证法通讯》2018年第40卷第6期，第1-9页。

③ 任继周、林慧龙、侯扶江：《农业层积之法的农业伦理学诠释》，《兰州大学学报》（社会科学版）2018年第4期，第1-7页。

生态系统，缺少一个环节，或某一个环节显著薄弱，农业生态系统整体就不可能强大。只有四个轮子一齐和谐转动，才能形成最具农业伦理容量和最符合农业伦理标准的现代农业模式。

四、整体论视角下的农业伦理学“四维结构”

任继周团队的研究工作并没有先还原、后整体，而是还原与整体齐头并进，整体论的研究方法贯穿草地农业理论体系的始终。在以还原论方法对草地农业生态系统内部结构进行研究的同时，团队对很多现实世界的复杂应用场景展开实践性研究。如在黄土高原丘陵沟壑区开展粮草轮作—间作试验，在西南岩溶地区开创草地—畜牧系统可持续发展技术体系，在河西走廊山地—绿洲—荒漠系统发展草地农业的实践等。在这些土瘦民穷的自然—社会高度复杂的场景之中，通过试验站—示范场—农户相结合的模式，建立集科研—示范—推广—培训为一体的系统管理工程，通过长期实践取得了显著的经济、生态、社会效益。这种微观技术工具与宏观应用场景相结合的方法，无不体现以整体论方法研究复杂农业系统的成就。

当然，整体性研究方法的代表性成果当数农业伦理学的四维结构，即时、地、度、法的基本维度，这种“新自然观”是当代农业系统整体性研究的完成形态。老子提出中国最早的自然观，“人法地，地法天，天法道，道法自然”，人类所知与大自然不可穷尽的奥秘相比只是沧海一粟。我们始终以一种“谦逊理性主义”的态度将“自然”置于伦理观的顶层，认为农业不可须臾脱离“敬畏自然”这一最高伦理观。人们接近自然的时候，道德水平就比较高，一旦远离自然，道德发展就趋近谬误。要认识到自然的内在价值和基本权利，侵犯自然就是侵犯人类的共同权利。任继周的农业伦理是返本开新的，他用新农业科学延伸出新哲学，即农业伦理学，他认为符合自然生态系统基本规律的农业行为，就是对的、善的，违反自然的做法就是错的、恶的。农业伦理学的四维结构具体如图3-3所示。

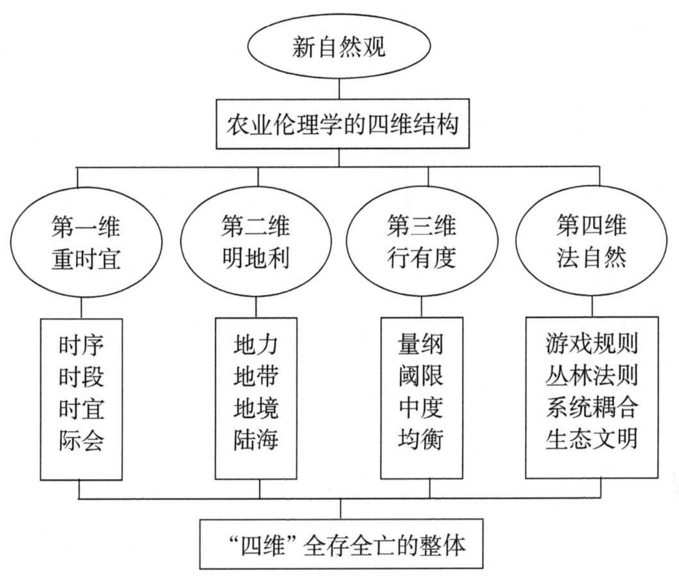

图3-3 农业伦理学的四维结构

图3-3展示的是农业伦理学“时（重时宜）、地（明地利）、度（行有度）、法（法自然）”的四维结构[①]。其一，时之维：敬畏天时以应时宜。不违农时是中华民族对农业伦理的本初认知，农业生态系统中的时序之精微缜密为现代科学所难以穷尽，对天时的遵循敬畏之情为农业伦理之首要。其二，地之维：施德于地以应地德。土地为万物滋生的载体，农业生产无不仰赖健康的土地，人们按照不同地理地带进行适宜性的农业生产，按照地境有序度进行农业生产调控，就是借天地之利。其三，度之维：帅天地之度以定取予。“度”是农业伦理学中的本根和命门，因法因序为度，因时因地为度，因事因势为度，要用科学的量化表征方法找寻中道与均衡。其四，法之维：依自然之法精慎管理。农业管理包括土地、附着于土地的人民以及农业生产和产品分配的全过程，其中繁复的技术和社会工作需要周到的伦理关怀，而伦理关怀之中枢则为层层法理，如生态文明、系统耦合、动物福利等。更重要的是，农业伦理之“四维”是“全存全亡”的整体关系，即自然系统之不可分割、不可模拟，是农

① 任继周：《中国农业伦理学概论》，中国农业出版社，2021，第39–48页。

业生态系统耦合之后整体功能的涌现。

五、系统论视角下的“农业伦理矩阵”

任继周曾多次提到农业伦理的“恢恢巨网”，农业系统是一个“有纵深的相矩阵”[①]，其中存在极为复杂的结构关联。这样复杂的现代化农业系统必将产生农业的分层管理矩阵网络系统，将诸多子系统纳入共同发展的巨型伦理系统之内，以拓展农业乃至社会的伦理学容量。本章尝试将农业系统的四个生产层和农业伦理学四维结构融合到同一个网络当中，形成具有中国特色的“农业伦理矩阵”。如表3-1所示。

表3-1　农业伦理矩阵

	时(重时宜)	地(明地利)	度(行有度)	法(法自然)
生态环境	生态中心主义/生态系统整体论	地理地带/时间地带/地境有序/大地伦理	资源开发/厚德载物/中度原则	自然法则/环境保护/生物多样性
植物生产	不违农时/二十四节气/天人合一	因地制宜/种植区划/地力常新	农药化肥减量增效/有机无公害	粮草耦合/生态生产力
动物生产	繁殖、断奶、放牧、屠宰的时宜性	牲畜空间合理分布/不跨区引种	合理载畜量/抗生素禁用	动物福利/种养结合/层积之法
食物生产	不时不食/后工业化伦理观	食源多样/海陆界面/共给共足	食物添加剂合理有度使用/医食合一/饮食伦理	游戏规则/食品安全之法

该矩阵融合了新科学与新哲学两个向度的矢量：一是横向上，我们以整体论的视角，以重时宜、明地利、行有度、法自然为基本原则，将价值引导融入农业生产的全过程中，追求农业的可持续发展。二是纵向上，我们以还原论的视角，从新农业科学延展出农业的多功能性，如生态环境、植物生产、动物生产、食物加工等层级，及其各个层级中的参

① 任继周、林慧龙、侯扶江：《农业层积之法的农业伦理学诠释》，《兰州大学学报》（社会科学版）2018年第4期，第1–7页。

与者与利益相关者，将农业科技审慎融入农业生产全过程。以上两个向度的向量交叉融合，形成了农业伦理网络矩阵。将微观与宏观、定量与定性、科学与哲学等方法充分地结合起来，以更好地指导实践，为公共政策提供参考。

该农业伦理矩阵的应用方法，与前文介绍的本·梅佩姆的“伦理矩阵”有相似之处，也有实质性区别。除了自上而下（TDA）、自下而上（BUA）、整合模式等程序上的相似性之外，农业伦理矩阵更加强调农业科学家和农业伦理学家的对话，既克服了科学家在伦理判断中的过度权威，即“技术官僚”或“技治主义”的出现，也很好地解决了利益相关者代表的过度泛化造成的信息收集和公共决策困难的问题。将科学家和哲学家纳入同一个讨论小组，就某一项科技应用和公共政策进行积极或消极的评价，再以半量化的方法打分，这使伦理评价的专业性和哲学性两个方面都得到了提升。这样的农业伦理矩阵是一种伦理考量的清单式表达，但它仍然能够为伦理评估提供一些结论性意见，能够成为一种多方参与的伦理评估工具，从而提高技术评价的有效性与决策的科学性。

该矩阵遵循的是开放的复杂巨系统的基本研究方法，把宏观研究和微观研究结合起来，把定性研究和定量研究结合起来，把科学理论和哲学知识结合起来。该矩阵包含了生态学、植物学、动物学、社会学、经济学、哲学、法学等跨学科知识，也涵盖生态安全、粮食安全、食品安全等公共目标，通过跨学科研究、跨部门协作、跨领域对话，尝试为农业与食品的健康可持续发展提供规范性的决策工具。农业伦理矩阵坚持创新和审慎的原则，将科技创新与伦理考量纳入农业活动全过程，将伦理需求内置于科学研究之中，进行负责任的创新，并尝试探索一个条理分明、原则统一的伦理学框架，构建具有中国特色的农业伦理学思想体系。这通常不是一个专家或一个领域的专家群体所能完成的，而是由不同领域、不同学科的专家构成的专家体系，依靠专家群体的知识和智慧，对所研究的复杂系统展开研究。新科学与新哲学消解了主客二分，科学与伦理就不再是彼此割裂与绝缘的状态，而应该水乳交融于上述“矩阵”当中。

六、农业伦理矩阵在实践中的两个应用举例

为了使该矩阵更好地运用到农业实践当中，我们尝试举两个实证案例。一是藏粮于草的作物栽培技术符合多元化种植的农业伦理标准，一是封山禁牧的地方性公共政策违反农业伦理标准。这种分析方法结合了多种伦理立场和特定场景，清晰地呈现了生物技术、公共政策所带来的伦理问题，从而促成合理且健全的判断与治理。

（一）种植业案例：藏粮于草的多元化种植符合农业伦理

所谓藏粮于草，就是以引草入田、耕地种草等理念，通过粮草轮作、间作、复种等模式，充分利用气候资源、土地资源、物种资源，大幅度提高生物量。与相对单一谷物种植的耕地农业相比，草地农业增加了农业系统的多样性、丰产性、稳定性，使其结构逐渐趋于复杂化、功能扩大化，在各种风险面前更富有弹性，成为一个靠系统耦合实现生态安全、经济兴旺的农业系统。所以耕地种草是符合农业伦理标准的正确做法。

将藏粮于草政策放在农业伦理矩阵（表3-1）中来分析，耕地种草属于种植业范畴，位于纵轴第二行，其所对应的四个维度的伦理考量分别如下：一是时之维，耕地种草充分利用了粮草之间不同的生态位和生命周期，实行轮作、复种以提高土地利用效率和对水热光照等自然资源的利用；二是地之维，通过粮草轮作、复种来改良土地，是用生物措施保护耕地的最佳方式，也是确保粮食安全的有效途径；三是度之维，粮草之间通过系统耦合来提升系统自身的生态生产力，不是通过农药、化肥、除草剂、基因工程等外在的软实力或硬实力来实现粮食连增；四是法之维，粮草轮作、间作、复种、混种、混播、混收、混贮等方式，最大限度地模拟生态系统原有的多样性，在改土肥田、增草增粮、减施节资、保护耕地等方面有重要的现实意义。

纵观整个矩阵，植物生产层与其他生产层存在着紧密关联，如在发展饲草产业的同时，大力发展草食畜牧业，使牛、羊、猪、禽等养殖业

格局进一步优化，以多元化种植引导多元化养殖，进而推动大农业观和大食物观的演变，以此来缓解谷物种植对土地等资源的巨大压力，使农业复杂开放巨系统的整体功能得到升级。总之，耕地种草或藏粮于草的理念，既包含了多层级、多界面的农业科技，也囊括了多维度、多样性的农业伦理，展现出科学方法与哲学思想的融合。通过该矩阵可以验证，这种模式是符合农业伦理的，是应该大力推广的成熟模式，应该得到相关法律政策的支持。

（二）养殖业案例：全域封山禁牧的畜牧业政策违反农业伦理

所谓全域封山禁牧，就是很多地方在执行禁牧政策时将禁牧区域扩展到全域，将禁牧畜种扩大到所有牲畜。新修订的《中华人民共和国畜牧法》第五十三条规定：“国家鼓励推行舍饲半舍饲圈养、季节性放牧、划区轮牧等饲养方式，合理配置畜群，保持草畜平衡。”但某些地方的工作方针，从鼓励舍饲到强制舍饲，从划区轮牧到全域禁牧，并且在执法过程中层层加码，这种现象与国家立法不一致，也是不符合农业伦理基本原则的错误做法。

将封山禁牧政策放在农业伦理矩阵（表3–1）中来分析，位于纵轴第三行的是动物养殖，其所对应的四个维度的伦理考量分别如下：一是时之维，草木生长随气候节律而变化，应按季节实行长期轮牧、短期轮牧、划区轮牧和适当补饲，而不是全生命周期的集中舍饲，这种不禁牧的禁牧才具有普遍意义和长期意义；二是地之维，对占土地资源绝大部分的林草资源不能按下暂停键实行静默管理，而是要创新各种利用方式，在林草资源的生态保护和草食畜牧业发展的公共管理之间找到均衡点，使青山绿水真正变成金山银山；三是度之维，要“在利用中保护，在保护中利用”，通过草地精准放牧管理模式，如中度放牧干扰、草地补偿生长机制、畜群结构调控、优化家畜组合、多样化家畜放牧理论等，为家畜提供最健康的生存环境、最健康的营养源，生产安全健康、成本低的畜产品，实现生产生态双赢；四是法之维，封山禁牧政策违反了生态学的基本科学规律，牧草与草食畜通过数百万年的协同进化而至今日，以限制“畜”来保护“草”的做法，割裂了生态系统的整体性，不仅不能达到保护林草的预期目标，也增加了养殖环节的成本，违反动物福利，危及食品安全与人类健康。

纵观整个农业伦理矩阵，动物生产层与其他生产层存在着紧密关联。完整的草地农业生态系统里有“人—草—畜”相协调的“放牧系统单元”，有农作物、有饲草种植、有草食家畜、有草畜互作，尤其是适度放牧的草畜管理，不仅节约了劳动力，降低了养殖成本，提高了养殖业经济效益，而且促进了作物与家畜之间的物质与能量流动，增加了动物的户外运动量、采食植物的多样性，提升了动物福利，减少了动物疫病，提高了养殖业品质，且粪污及时还田，最大限度地实现了废弃物利用，保护了生态环境。草畜一体、种养结合、有机循环以实现生产、生态、生活的多赢局面。通过该矩阵可以验证，全域封山禁牧是不符合农业伦理的，最多只能是一个短期的权宜之计，不应该成为长期的法律政策，应该对相关法律政策进行调整。

伦理矩阵作为一种分析工具早已有之，本章借鉴了原始伦理矩阵的框架和方法，充分吸收草地农业这一农业复杂开放巨系统中的重要理论，如农业系统的四个生产层和农业伦理学的四维结构，并将其交叉融合形成“农业伦理矩阵”这样一个清晰的量表。这将为农业科技、公共政策的价值判断和伦理规范提供一种可供选择的分析工具。复杂是世界的本体，因而探索复杂性，揭示复杂系统的结构、功能、规律和演化机制，已成为科学与哲学研究的趋势。作为复杂系统之一的农业系统就是农业科学与农业伦理的研究对象。由于认知的有限性和真理的无限性，对于农业复杂开放巨系统的认识还有很多不足，本章提出的农业伦理矩阵必然还有很多不完善的地方，在农业实践中继续完善农业伦理矩阵这一分析工具，也是我们今后的重要工作。

第四章

草业科学专业中的农业伦理教学[①]

2023年10月21—22日，适逢中国工程院院士、全国“最美奋斗者”、全国优秀共产党员、全国教书育人楷模、我国草业科学奠基人、我国农业伦理学开创者任继周教授百岁华诞之际，“任继周草地农业学术思想研讨会”在兰州大学举行。在大会的开幕仪式上，举行了任继周先生主编的《中国农业伦理学》首发仪式，甘肃省政协副主席员建民与中国农业出版社党委书记、董事长、社长刘天金共同为新书揭幕。中国工程院唐华俊院士认为，任继周主编的《中国农业伦理学》系列专著构建了判断农业行为对与错、善与恶、应该与否、适度与否、公正与否的标准和定量方法，该系列专著必将成为我国农业生态系统和农业哲学研究领域的经典著作[②]。中国工程院陈剑平院士指出，农业系统很难再依靠“点”上的技术突破实现整体提升，我们有必要对农业及科技进行再认识，对农业高等院校的课程设置和人才培养进行再认识。《中国农业伦理学》用历史的、系统的、战略的整体思维和认知开创了我国现代农业的新征程[③]。

① 本章已全文刊登在《科学·经济·社会》（有改动）。赵安、范玉兵：《在草业科学专业开展农业伦理教学的特殊性研究——“任继周草地农业学术思想研讨会”之“农业伦理教学研讨会”侧记》，《科学·经济·社会》2023年第4卷第6期，第9-14页。

② 唐华俊：《顺天时　量地利　行有度　法自然——〈中国农业伦理学概论〉评介》，https：//www.sxncb.com/2021-11/10/content_9303283.html。

③ 陈剑平：《农业伦理学是农业科学技术的纲——学习任继周院士〈中国农业伦理学概论〉感悟》，https：//www.farmer.com.cn/2023/10/11/99938179.html。

中国工程院沈国舫院士指出，希望全国农林、师范、综合类高校以此为蓝本尽快开设相关课程，让农业伦理学的系统知识在全国范围内广泛传播，以尽快找出解决“三农”问题的钥匙，在农业领域打开通向回归自然的大道[①]。

10月22日，由中国农业出版社与兰州大学草地农业科技学院合办的“任继周草地农业学术思想研讨会”的分会——“农业伦理教学研讨会”如期举行。在分会的开幕式上，百岁老人任继周先生发来视频，直抒农业伦理学在农业文明古国缺失的遗憾和在高等院校开展农业伦理学教育的必要性和紧迫性，鼓励青年学者继续推动农业伦理学在知识界传播，进而影响整个社会。兰州大学副校长潘保田代表学校，向扎根西北、立草立业七十五载的任继周先生表达最崇高的敬意，他希望以此为契机来推动更多高校开设并讲授好农业伦理学课程，也希望各位到会专家能继承和发扬任先生的农业伦理思想，加入新学科蓬勃发展的潮流中，共同推动中国农业伦理学学科的发展。中国农业出版社社长刘天金也指出，中国农业伦理学是在任继周院士草地农业理论基础上对农业整体发展的伦理学思考，是农业可持续发展的伦理观念、道德力量和哲学智慧。希望农业伦理学课程不仅是农科生的必修课，而且能成为大学生的通识课，在全社会普及农业伦理学教育。

本章从此次会议召开的背景、与会专家分享农业伦理教学经验、草业专业开设农业伦理学的特殊性等方面对会议情况进行介绍，既是对此次全国农业伦理学教学推广里程碑的记录，也是对农业伦理教学的进一步延伸宣传。

一、农业伦理教学研讨会召开的背景

2016年7月，在任继周院士的倡导下，首届“农业伦理学与生态文明研讨会”在安徽九华山召开，会议汇聚了来自国内高校和科研院所的40

① 沈国舫：《农业伦理学应走进高等学堂》，https：//www.farmer.com.cn/2023/10/12/99938248.html。

多位专家。会议建议尽快成立“农业伦理学委员会”，以便为我国农业可持续发展献计献策。在任继周院士的推动下，2017年在中国草学会之下成立了农业伦理学研究会，并在南京农业大学召开首次年会。此后，2018年、2019年的年会分别在兰州大学、中国农业大学顺利召开，扩大了“农业伦理学”的学术影响力，促进了国内“农业伦理学”的交流与合作。

与此同时，任继周先生带领团队在农业伦理学的科研与教学方面也是硕果累累。一是科研方面。任先生先后主编了《中国农业伦理学史料汇编》（2015）、《中国农业伦理学导论》（2018）、《中国农业伦理学概论》（2021）、《中国农业伦理学》（上下册）（2023）等著作或教材，创办的专业文集《中国农业伦理学进展》已经连续出版三辑。同时，团队在《伦理学研究》、《兰州大学学报》（社会科学版）、《科学·经济·社会》等学术期刊开设农业伦理学专栏，已经刊发相关学术论文50多篇。二是教学方面。任先生从2014年开始在兰州大学开设农业伦理学系列讲座，标志着这门学科正式诞生。随后，农业伦理学教学工作先后在南京农业大学、西北农林科技大学、安徽大学、北京林业大学、甘肃农业大学等十余所院校铺开，涌现了南京农业大学姜萍教授等优秀教学团队。此次农业伦理学教学研讨会正是在这样的背景下召开的，会议邀请了上述多个高校的农业伦理学主讲人到会并发表演讲。

2022年，中共中央办公厅、国务院办公厅印发《关于加强科技伦理治理的意见》，鼓励高等学校开设科技伦理教育相关课程，完善科技伦理人才培养机制，加快培养高素质、专业化的科技伦理人才队伍。同时，2022年，教育部发布了新版《研究生教育学科专业目录》，新增应用伦理专业硕士。这为兰州大学进一步强化以农业伦理学为特色的应用伦理学学科建设和队伍建设提供了重要契机。兰州大学充分发挥综合性大学优势，联合该校草地农业科技学院和哲学社会学院的力量，共同筹建中国第一个以农业伦理学为特色的专业硕士点。此次会议的顺利召开，促成了全国高校的农业伦理学教学团队与兰州大学建立更加深入的往来，为将兰州大学建成国内农业伦理学人才培养基地而集思广益。

二、与会专家分享农业伦理学教学经验

清华大学李正风教授首先发言，他解读了《关于加强科技伦理治理的意见》的文件精神，鼓励兰州大学尽快整合相关力量，凝练农业伦理学的特色方向，培养适应经济社会发展、乡村振兴、农业现代化、生态文明建设等国家重大战略需求的具有跨界思维、文理贯通的知农爱农复合应用型人才。

北京林业大学董世魁教授是《中国农业伦理学概论》的执行主编，并在北京林业大学主讲农业伦理学课程，他以"任继周之问"为切入点，分享了其作为执行主编帮助任先生编著教材的经历，并阐述了任先生提出的以时、地、度、法为多维结构的农业伦理学，呼吁通过教育教学唤起公众的农业伦理学意识，携手共筑农业伦理学大厦。

南京农业大学姜萍教授以《新文科背景下农业伦理学教学与研究现状》为题，讲解了中外农业伦理学发展历史，分享了与欧洲农业和食品伦理学协会，美国农业、食品与人类价值学会等机构建立联系并取得实质性进展的经验。自2019年开始，姜萍教授主讲南京农业大学农业伦理学公共课，选课学生4900余人，以专题教学、专家教学、"双线"教学、"双师"教学等多种方式进行，其负责的"农业伦理学概论"获批江苏省"首批省级一流本科课程"，荣获2022年江苏省教育教学成果奖特等奖。

中国社会科学院李人庆副研究员从政治学、经济学、社会学、民俗学等多学科角度回应了任先生提出的农业伦理思想的重大意义，指出农业农村发展不充分、不平衡、不稳定、不可持续背后的实质是"不公正"，生产、生活方式的改变背后都是人的行为调整，离开了伦理而单纯地强调人的经济理性只会减弱经济学的预测能力，伦理学的本义就是创建人可以安居其中的有意义的"家园""好的生活"。

方锡良是兰州大学"农业伦理学与生态文明"公共课的主讲人，他在教学过程中深入贯彻任先生提出的中国农业伦理学的系统特征和多维结构，开展跨学科、综合性交叉研究，以其跨学科优势化解相关伦理冲

突和社会争议，为农业生产、发展与创新提供理论支持、沟通路径和决策工具，从而促进农业的创新转变与健康可持续发展。

兰州大学哲学社会学院的王涵青老师，介绍了自己在台湾高雄大学从事伦理学教学的经验，指出伦理学作为大学通识核心课程，在建立具有德行之现代公民意识方面的重要作用，同时强调了伦理学要保持它的实践性的品格和对现实生活的范导功能，要从课堂回归现实生活，透过实际的生存活动唤醒主体与他者之关联。

另外，兰州大学《科学·经济·社会》副主编周亚平老师介绍了该期刊开设农业伦理专栏的情况。兰州财经大学韩作珍老师分享了我国传统饮食文化的伦理向度。

三、草业领域专家分享农业伦理教学经验

在与会专家当中，北京林业大学董世魁、兰州大学林慧龙、西北农林科技大学何树斌、甘肃农业大学曹文侠等，均是在所在单位的草业科学专业率先开展农业伦理学教学工作的专家。他们的教学经验值得专门分享。

西北农林科技大学在2019年的本科人才培养方案中，提出要加强对学生的伦理意识和社会责任感的培养，各专业应至少开设1门专业伦理类必修课程。该校草业与草原学院于2021年面向本科生开设了16学时的专业基础课“农业伦理学”，该学院何树斌副教授以任继周先生主编的《中国农业伦理学概论》为指导，邀请该校人文学院中国农业史研究团队的老师组成课程团队共同授课，内容突出草业科学的专业特色，重点讲授了基于系统耦合之法的伦理观、基于生态文明之法的伦理观、种植业畜牧业之度的实践等内容。该教学团队已获批校级重点教改项目一项。他还建议中国草学会或农业伦理相关学会，设立一些教改项目、课程基金等，鼓励和支持高校青年教师开展农业伦理学的教学工作。

甘肃农业大学草业学院自2007年就开设了全校公共选修课“草原文化与民族风情”，挖掘草地农业科学教育教学体系中的文化元素。2022年又为本科生开设了专业选修课“农业伦理与草业法规”。曹文侠老师以草

业科学教育为例，论述了科学教育与人文教育间的关系，分析了草业人文在现代草原管理、草业产业发展中的重要性，并指出从单一的草原畜牧业发展为具有四个生产层的完整草地农业生态系统，没有哲学思想和农业伦理的引领是很难实现的。

笔者作为任先生的学生、助理，任先生思想的研究者，兰州大学草地农业科技学院农业伦理学课程的主讲人之一，在大会的最后环节，分享了草地农业与农业伦理之间的关系①。任先生的学术思想可梳理为“牧草学—草原学—草业科学—草地农业生态系统—农业系统发展史—农业伦理学”的变迁，他将草地农业与农业伦理学的思想熔铸在研究的全过程当中。笔者以此将任先生农业伦理学思想的形成分为三个阶段：一是萌芽阶段（牧草学与草原学）；二是发展阶段（草业科学与草地农业生态系统）；三是成熟阶段（农业系统发展史与农业伦理学）。草地农业生态系统是最符合农业伦理标准的农业范式，农业伦理学是草地农业生态系统感悟其相对的社会系统的哲学升华。草地农业与农业伦理是改造中国农业结构的两个方面，是同一件事分别在自然科学和社会科学中的两种不同表述范式。

会议最后，兰州大学林慧龙教授介绍了《中国农业伦理学进展》丛书的情况。青海大学赵玉婷、河西学院曹建新等青年教师也参加了此次研讨会，并表示结合自己的草业科学学科背景，在所在单位开设农业伦理学课程的兴趣。

四、草业科学专业开设农业伦理学的特殊性

任继周先生是科学家、哲学家，是中国草业科学的奠基人，是中国农业伦理学的开创者。任继周先生的上述身份，是农业伦理学教学率先在草业科学专业开设的先导性原因。如上文所述，任先生的草地农业与农业伦理的思想存在内在的逻辑关系，因此，草业科学专业是农业伦理

① 赵安：《任继周院士农业伦理学思想探源——兼论草地农业与农业伦理之关联》，《兰州大学学报》（社会科学版）2023年第5期，第1-12页。

学的第一块试验田，农业伦理学要内化于草业等农业科学之中，这是草业科学专业开展农业伦理学教学与科研的得天独厚的优势。

一方面，草业科学要做好农业伦理学的第一块试验田。以草地农业为代表的农业生态系统包括前植物生产层、植物生产层、动物生产层、后生物生产层。我们在草业科学专业开展农业伦理学教学过程中，可邀请生态、种植、养殖、加工等多领域的专家参与，向学生呈现以草地农业为代表的农业系统前沿知识，帮助学生具象地认识现代农业生产中的伦理问题，如种植结构、动物福利、生物多样性、粮食与食品安全等的农业伦理学诠释等。任继周先生以多结构、多维度、多层级的视角，已完成了农业伦理学定经纬、举纲目的工作，为农业管理及其过程中的伦理关怀建立了哲学框架，剩下关于各个生产层当中的很多细节问题还需要后来者进一步深入实践和阐发。

另一方面，农业伦理学要内化于草业等农业科学之中。农业在向绿色、可持续、生态文明方向转型过程中蕴含着各种复杂的伦理冲突，需要农业伦理学在未来农业转型中发挥重要作用。农业伦理坚持鼓励创新和包容审慎的原则，将价值权衡与伦理考量纳入科技活动全过程，将伦理需求内置于研究与创新之中，进行负责任的研究和创新，对草业科学和农业整体均具有保驾护航的作用。农业伦理教学能为师生提供最好的人文科学范本，并使其形成对错与善恶的初步判断。农业伦理学以跨学科的研究优势为农业生态系统、粮食与食品安全、农业可持续发展等提供价值规范和决策工具，形成富有建设性的沟通方式、公共决策和发展的路径。

总之，基于任继周草地农业与农业伦理学思想之间具有的深刻逻辑关系，草业科学专业是农业伦理学最好的实践基地，农业伦理学教学又为开拓草业科学专业师生的人文视野提供了最好的教材。笔者将以兰州大学草地农业科技学院为平台，阐发任继周先生草地农业思想中所包含的农业伦理内涵，并以农业伦理进一步为草业等农业产业稳步持续高质量发展做好服务。

分　论

第五章

耕地保护:“藏粮于地”与“藏粮于草”的伦理[①]

一、引言:《中华人民共和国粮食安全保障法》中的耕地保护

“藏粮于地”凸显的是耕地在农业生产要素中的首位度。但人们总是将“耕地保护”与“18亿亩耕地红线”等同起来,将“粮食安全”与“种植谷物”等同起来,似乎保住了18亿亩的面积、保证18亿亩都种上粮食,就必然能确保粮食安全,这里面其实有很多误解。耕地保护有着非常丰富的内涵,不光是保面积,还要保质量,如保水、保土、保肥、保多元种植模式、保农业系统多样性等。忽略了保质量的丰富内涵,就不能更好地达到保耕地的根本目的。如果耕地质量持续退化,种植结构过度单一,即便保住了面积,也不可能实现永续利用、持续连增,就不能确保粮食安全无风险。

2023年12月29日,第十四届全国人民代表大会常务委员会第七次会议通过了《中华人民共和国粮食安全保障法》[②]。该法第二章将“耕地保

① 本章已全部刊登在《草业学报》(有改动)。赵安、柏瑛:《农业伦理视域下“藏粮于地”与“藏粮于草”的辩证关系——兼论〈粮食安全保障法〉第二章“耕地保护”》,《草业学报》2024年第33卷第10期,第183-193页。

② 全国人民代表大会常务委员会:《中华人民共和国粮食安全保障法》,http://www.npc.gov.cn/c2/c30834/202312/t20231229_433989.html。

护”独立设章，充分吸收了2019年新修正的《中华人民共和国土地管理法》第四章[①]和2021年新修订的《中华人民共和国土地管理法实施条例》第三章[②]的内容，明确农业、生态、城镇等功能空间，耕地保有量、建设用地规模、禁止开垦的范围等基本要求。该法还吸收了国务院办公厅2020年11月印发的《关于防止耕地“非粮化”稳定粮食生产的意见》[③]和自然资源部等部门2021年11月联合印发的《关于严格耕地用途管制有关问题的通知》[④]中的最新立法精神。《中华人民共和国粮食安全保障法》第十三条规定“耕地应当主要用于粮食和棉、油、糖、蔬菜等农产品及饲草饲料生产”，明确了耕地用于“饲草饲料生产”的合法性[⑤]。为扭转粮食种植面积下滑势头，党中央、国务院连续做出了坚决制止耕地“非农化”、防止耕地“非粮化”的决策部署，在史上最严格的耕地保护制度背景下，却在立法实践中史无前例地达成了“饲草入田”的共识。这里的“田”既可以是耕地，也可以是林地、草地等其他农用地。

本章从农业伦理的整体与系统视角出发，认为“藏粮于地”与“藏粮于草”是辩证统一的。以草地农业为代表的“藏粮于草”方案，是保护耕地的最佳方式，也是确保粮食安全的有效途径，可以提效益、降成本、防风险、计长远。该模式提倡粮草之间的轮作、间作、套作、复种、混种、混播、混收、混贮等方式，最大限度地模拟生态系统原有的多样性，通过系统耦合来提升系统自身的生态生产力，而不是在农药、化肥、

---

① 全国人民代表大会常务委员会：《中华人民共和国土地管理法》，http：//www.fgs.moa.gov.cn/flfg/202007/t20200716_6348746.htm。

② 国务院：《中华人民共和国土地管理法实施条例》，http：//www.fgs.moa.gov.cn/flfg/202107/t20210730_6373236.htm。

③ 国务院办公厅：《关于防止耕地“非粮化”稳定粮食生产的意见》，http：//www.fgs.moa.gov.cn/flfg/202107/t20210730_6373236.htm。

④《自然资源部　农业农村部　国家林业和草原局关于严格耕地用途管制有关问题的通知》，http：//gi.mnr.gov.cn/202112/t20211224_2715748.html。

⑤ 全国人民代表大会常务委员会：《中华人民共和国粮食安全保障法》，http：//www.npc.gov.cn/c2/c30834/202312/t20231229_433989.html。

除草剂、基因工程等外在的软实力或硬实力的加持之下的粮食连增。草地农业生态系统理论在改土肥田、增草增粮、减施节资、保护耕地等方面有重要的现实意义，既包含了多层级、多界面的农业科技，也囊括了多维度、多样性的农业伦理，展现出科学方法与哲学思想的融合。希望本章草业科学和农业伦理的视角，对政策法律的完善有所助益。

二、耕地面积、耕地质量的约束与改良措施

（一）耕地面积持续缩小的压力

按照《土地调查条例》[①]“每10年进行一次全国土地调查”的规定，2021年自然资源部公布了《第三次全国国土调查主要数据公报》[②]（下文简称“三调”），我国耕地面积19.18亿亩，园地3亿亩，林地42.60亿亩，草地39.67亿亩，湿地3.50亿亩，建设用地6.13亿亩。在19.18亿亩的耕地中，水田4.71亿亩，占24.56%；水浇地4.82亿亩，占25.13%；旱地9.65亿亩，占50.31%。需要注意的是，全国64%的耕地分布在秦岭—淮河以北，位于一年一熟制地区的耕地9.18亿亩，占47.86%；位于年降水量200毫米以下地区的耕地1.11亿亩，占5.79%；位于25度以上坡度的耕地0.63亿亩，占3.28%。我国耕地总量少，质量总体不高，后备资源不足，水热资源空间分布不匹配。部分耕地的条件较差，粮食作物的产量普遍不高。

自2009年“二调”以来的10年间，全国耕地共减少1.13亿亩，年均减少面积略有增加，人均耕地面积不到世界平均水平的40%。过去10年时间，全国有2.29亿亩耕地流向林地、草地、湿地、河流水面、湖泊水面等生态功能地类。2023年新修订的《中华人民共和国土地管理法实施条例》第十二条规定“严格控制耕地转为林地、草地、园地等其他农用

① 国务院：《土地调查条例》，https://www.gov.cn/gongbao/content/2019/content_5468941.htm。

② 自然资源部：《第三次全国国土调查主要数据公报》，https://www.gov.cn/xinwen/2021-08/26/content_5633490.htm。

地”，以堵住上述漏洞。全国建设用地总量6.13亿亩，十年增加1.28亿亩，增幅26.5%。2019年新修正的《中华人民共和国土地管理法》[①]第三十条规定了占补平衡、增减挂钩制度，要求按照“占多少，垦多少”的原则，由占用耕地的单位负责开垦与所占用耕地的数量和质量相当的耕地。随着城市化对建设用地的刚性需求，生态退耕还要占用一部分耕地，自然灾害损毁和河湖水面自然扩大造成耕地减少等，18亿亩耕地面积存在持续减少的风险。

（二）耕地质量持续退化的约束

国内外对耕地质量评定已有多种指标体系，农业农村部、生态环境部、自然资源部等单位均发布了不同的评价办法。本章仅以农业农村部2019年发布的《2019年全国耕地质量等级情况公报》[②]为依据，简要呈现我国耕地质量概况。该公报以立地条件、剖面性状、耕层理化性状、养分状况、土壤健康状况和土壤管理等指标对耕地质量进行综合评价，按质量等级由高到低依次划分为一至十等，其中评价为一至三等的高等耕地为6.32亿亩，占耕地总面积的31.24%；评价为四至六等的中等耕地为9.47亿亩，占耕地总面积的46.81%；评价为七至十等的低等耕地为4.44亿亩，占耕地总面积的21.95%。全国耕地平均等级为4.76等，较2014年提升了0.35个等级，但中、低等级耕地依然占2/3以上。

同时，因农药、化肥、除草剂、地膜等投入品的大量使用，农业生产一直坚持高投入、高产出模式，耕地长期高强度、超负荷利用，造成质量持续退化。如东北黑土地耕作层持续变瘦变薄、南方耕地重金属污染和土壤酸化、北方耕地土壤盐渍化、西北地区农膜残留严重等问题突出，导致耕地土壤有机质含量较低、土壤养分失衡、生物群系减少、耕作层变浅等现象比较普遍。据统计，2020年，全国农用化肥施用量（折

---

① 全国人民代表大会常务委员会：《中华人民共和国土地管理法》，http：//www.fgs.moa.gov.cn/flfg/202007/t20200716_6348746.htm。

② 农业农村部：《2019年全国耕地质量等级情况公报》，http：//www.moa.gov.cn/nybgb/2020/202004/202005/t20200506_6343095.htm。

纯量）5191万吨，氮、磷使用量远超安全边界，三大主粮化肥利用率只有40.2%[①]；2020年，全国化学农药使用量24.83万吨[②]，三大粮食作物化学农药利用率40.6%，病虫害统防统治覆盖率41.9%[③]。另外，2014年自然资源部发布的《全国土壤污染状况调查公报》显示，全国抽样的土壤点位中，总超标率为16.1%[④]，粗略计算可以得出，超过3亿亩的耕地面临污染。

（三）耕地改良的传统方法和生物措施

近年来，耕地改良的政策和措施推陈出新，如2013年，国务院批准实施《全国高标准农田建设总体规划》[⑤]；2015年农业农村部印发《耕地质量保护与提升行动方案》[⑥]；2023年通过了《关于推动盐碱地综合利用的指导意见》[⑦]等。改良的措施也有多种形式，如通过土地平整工程，化零为整以提高田块规整度，来改善耕地立地条件；通过灌溉排水工程和田间道路工程，提高灌溉保证率，提高田块通达度；通过土壤改良工程，改善表层土壤质地，提高有机质含量，抑制土壤盐渍化，调节土壤pH值等。但常规的物理、化学方法往往成本高、效果差，还容易引起二次污

---

① 农业农村部：《关于印发〈到2025年化肥减量化行动方案〉和〈到2025年化学农药减量化行动方案〉的通知》，http：//www. moa. gov. cn/govpublic/ZZYGLS/202212/t20221201_6416398.htm。

② 农业农村部：《关于印发〈到2025年化肥减量化行动方案〉和〈到2025年化学农药减量化行动方案〉的通知》，http：//www. moa. gov. cn/govpublic/ZZYGLS/202212/t20221201_6416398.htm。

③ 农业农村部：《"十四五"全国种植业发展规划》，http：//www.moa.gov.cn/nybgb/2022/202202/202204/t20220401_6395092.htm。

④ 环境保护部：《环境保护部和国土资源部发布全国土壤污染状况调查公报》，https：//www.mee.gov.cn/gkml/sthjbgw/qt/201404/t20140417_270670.htm。

⑤ 国家发展和改革委员会：《全国高标准农田建设总体规划》，https：//www.ndrc.gov.cn/fzggw/jgsj/njs/sjdt/201312/P020191101560721899254.pdf。

⑥ 农业农村部：《关于印发〈耕地质量保护与提升行动方案〉的通知》，http：//www.zzys.moa.gov.cn/tzgg/201511/t20151103_6310612.htm。

⑦ 新华社：《习近平主持召开中央财经委员会第二次会议》，http：//www.zzys.moa.gov.cn/tzgg/202307/t20230721_6432655.htm。

染，尤其是无法解决超大规模的土地改良问题。耕地土壤酸化、盐渍化、养分失衡、耕层变浅、重金属污染、白色污染等问题并没有得到有效遏制。

为此，土壤生物改良措施得到普遍认可，即利用生物的某些特性以适应、抑制或改良土壤污染或退化的措施，可以通过调整作物的种植结构，以植物本身来改土肥田、节本增效，而不是外在的添加或施用。2023年颁布的《中华人民共和国粮食安全保障法》第十五条提出："采取土壤改良、地力培肥、治理修复等措施，提高中低产田产能，治理退化耕地"，"建立健全耕地轮作休耕制度"，"支持推广绿色、高效粮食生产技术"[①]，以促进生态环境改善和资源永续利用。目前，最具代表性的做法就是筛选先锋牧草来改良土壤。任继周团队在甘肃黄土高原的长期试验表明[②]，农业系统中加入牧草可使土地利用率提高33%，降水利用率提高约20%，生物量提高约36%。如果拿出20%的农田种草，粮食单产和总产都将显著提高，总产提高40%，单产提高60%，而化肥用量至少降低1/3。如果能在全国1亿亩年降水量低于200毫米的耕地、0.63亿亩坡度在25度以上的耕地、15亿亩盐碱地等后备耕地中实施引草入田、草田轮作，既能提供优质饲草，补救我国草食家畜之不足，又能改良土壤，提高地力，增加后备耕地资源，将薄田碎地改造为良田沃野，以保障国家粮食安全。这些科学试验为"藏粮于草"理念的提出奠定了基础。

三、种植业结构与粮食连增的可持续性

（一）种植业结构与饲草统计数据缺失

按照当前19亿亩的耕地面积，以及平均1.3的复种指数来计算，每年包含复种面积在内的年农作物总种植面积基本维持在25亿亩左右。根据

① 全国人民代表大会常务委员会：《中华人民共和国粮食安全保障法》，http：//www.npc.gov.cn/c2/c30834/202312/t20231229_433989.html。

② 旭日干、任继周、南志标：《中国草地生态保障与食物安全战略研究丛书·总序》，科学出版社，2017，第1页。

农业农村部2021年发布的《“十四五”全国种植业发展规划》[①]可知，在25亿亩的种植面积中，2020年，中国粮食类作物总种植面积约17.4亿亩，在全国农作物总种植面积中比重约为70%，粮食产量达到13390亿斤，人均粮食占有量474公斤，超过国际公认的400公斤粮食安全标准线，实现了谷物基本自给、口粮绝对安全的目标。从种植业结构来看[②]，2020年，玉米播种面积6.19亿亩，产量5213亿斤，位居第一大粮食作物，供求关系由基本平衡转向趋紧，进口量增速较快。稻谷播种面积4.51亿亩，产量4237亿斤，全国60%的人口以稻米为主食，是第一大口粮作物。小麦播种面积3.51亿亩，产量2685亿斤，稻谷和小麦都是产需平衡、略有盈余的。大豆播种面积1.48亿亩，产量1960万吨，仅能满足豆腐等豆制品的供应，依然需要进口近1亿吨，且产需缺口将长期存在。马铃薯、青稞等粮食作物的种植数据暂且不论。

这里需要对国家种植业的统计口径加以关注，主要包括粮食、油料、棉花、糖料、蔬菜、水果、茶叶，甚至包含食用菌、中药材、花卉、烟草等小众品类。饲草饲料在农区的种植已经有相当可观的面积，如通过草田轮作、引草入田等模式种植的苜蓿、燕麦、黑麦草等青绿饲料，并未统计在国家种植业面积当中，作为一大作物类别却没有统计数据，不可能制定明晰正确的农业规划，这会严重影响饲草产业的发展和农业结构模式的调整。为此，农业农村部2022年发布了《“十四五”全国饲草产业发展规划》[③]，指出2020年全国利用耕地种植优质饲草近8000万亩，其中还包括了3800万亩全株青贮玉米，而高产苜蓿只有650万亩。这些统计仅限于耕地的种草面积。

---

① 农业农村部:《“十四五”全国种植业发展规划》，http://www.moa.gov.cn/nybgb/2022/202202/202204/t20220401_6395092.htm。

② 农业农村部:《“十四五”全国种植业发展规划》，http://www.moa.gov.cn/nybgb/2022/202202/202204/t20220401_6395092.htm。

③ 农业农村部:《“十四五”全国饲草产业发展规划》，http://www.moa.gov.cn/nybgb/2022/202202/202204/t20220401_6395092.htm。

（二）粮食产量与粮食进口“双连增”的不可持续性

2023年颁布的《中华人民共和国粮食安全保障法》第七十三条指出：“本法所称粮食，是指小麦、稻谷、玉米、大豆、杂粮及其成品粮。”[①]该法依然沿用了传统的“粮食”概念。对粮食的界定过于狭窄，某种程度上是导致粮食结构性危机的元问题。2023年中央“一号文件”[②]再次明确了“1.3万亿斤粮食产量”的目标，中国粮食产量已连续8年稳定在1.3万亿斤以上，还将继续实施“新一轮千亿斤粮食产能提升行动”，2025年粮食保供能力“确保总产量保持在1.3万亿斤以上，跨上1.4万亿斤台阶”。这种粮食连增的表象背后隐藏着不可持续的危机。

众所周知，我国粮食安全的实质是饲料粮安全。根据国家统计局2000至2021年的粮食连增数据，目前稻谷和小麦等口粮绝对安全，稻谷播种面积从占年度总播种面积的19.17%下降到17.74%，产量从1.88亿吨上升到2.13亿吨；小麦播种面积从17.05%下降到13.97%，产量从0.99亿吨上升到1.37亿吨，20年间的播种总面积维持在23亿亩至25亿亩之间，变化不大，单产提高已经接近极限。而作为工业饲料主要原料的玉米和大豆，在过去20年间的用量发生极大变化。玉米播种面积从14.75%增长至25.68%，产量从1.06亿吨猛增至2.73亿吨，从2000年出口近4000万吨到2021年进口2835万吨；大豆播种面积从5.95%到4.99%，产量从1540万吨到1640万吨，国内面积和产量变化不大，但进口量从1040万吨猛增至9653万吨，增长了近10倍。

2020年全国粮食总进口量已达1.4亿吨，仅实现大豆的完全自给，至少还需要8亿亩耕地。如果国内以猪禽主导的养殖业结构与日粮模式没有实质性转变，依靠玉米、豆粕减量替代来实现粮食进口的实质性减少，基本是不可能的。2020年，全国推广大豆玉米带状复合种植面积5000万

① 全国人民代表大会常务委员会：《中华人民共和国粮食安全保障法》，http：//www.npc.gov.cn/c2/c30834/202312/t20231229_433989.html。

② 中共中央、国务院：《2023年中央一号文件公布提出做好2023年全面推进乡村振兴重点工作》，https：//www.gov.cn/xinwen/2023-02/13/content_5741361.htm。

亩，折合大豆面积2500万亩，扩大轮作规模，开发盐碱地种大豆，计划在2025年产量达到2300万吨，这与1亿吨的大豆进口量相比，产量增长依然是杯水车薪。在现有资源约束之下，耕地面积增加已不可能，粮食单产增长余地几乎到了极限，如果耕地农业与猪禽养殖的模式不做出结构性调整，粮食安全的隐患就不可能消除。

（三）种植业结构是农业结构调整的关键所在

我国把粮食安全完全压在粮食作物上，既不经济也不现实。而传统的农业观，把粮食局限于谷物，把农业系统局限于单纯的种植业，把土地资源局限于占国土面积12.5%的耕地，其结果既加重了耕地负担，又因扩大耕地而“垦荒”，引起严重的生态问题。不健全的粮食观导致了不健康的农业系统，造成土地资源严重破坏的同时，也使农业陷于贫困之中。任继周不断呼吁，农业的危机在于农业的结构性、系统性问题，而不是细枝末节的若干技术措施能够解决的，“农业结构不改变不行了”，如果在“粮食连增”的航道上惯性前行，其后果堪忧[①]。

粮食安全是一个动态的历史范畴，我国粮食需求量从1984年之后再无显著变化，人口增加产生的粮食需求增量，基本从粮食人均需求量下降中得到弥补，2002年就达到每人每年400千克左右的口粮安全线转折点。此后就不应该再制定过高的粮食生产目标，超过这个界限就会导致饲料严重短缺和畜产品不足。应该适时启动“藏粮于草”计划，发展“籽粒—营养体农业”，不仅要将错开垦的耕地退出还草，还要将部分粮田改为草地。这样做不仅不会降低粮食产量，而且还会因系统耦合与生态生产力的释放，在粮食种植面积减少的情况下反而提高产量、保护环境。而多出来的牧草、饲料，则可以用来发展草食畜牧业，生产肉、蛋、奶等畜产品，增加动物性食物生产，改善国民膳食结构，使农业产值成倍增长。

所以，要通过引草入田、粮草轮作等方式，既改良土地，又增草节

① 任继周：《我国传统农业结构不改变不行了——粮食九连增后的隐忧》，《草业学报》2013年第22卷第3期，第1–5页。

粮、以草代粮，在发展饲草产业的同时，大力发展草食畜牧业，使牛、羊、猪、禽等养殖业格局进一步优化，以多元化种植引导多元化养殖，进而推动大农业观和大食物观的发展，以此来缓解谷物种植对土地等资源的巨大压力。可以认为，种植结构调整是农业结构调整和保障粮食安全的首要问题。客观来讲，我国可以用作草食家畜饲养的饲草料资源和水、土地资源还有很大的利用空间，所以发展草地农业将是保障我国粮食安全的一个有效模式。

四、粮草等多元种植的科研成果、政策共识、案例示范

（一）粮草多元化种植的科学研究

耕地不足、资源约束、收益低下、不可持续已经成为以少数谷物种植为主体的耕地农业的共识性挑战，违反农业伦理的耕地农业已经走到了尽头。任继周提出了草地农业生态系统理论[①]，包括引草入田、农区种草[②]、营养体农业[③]、藏粮于草[④]等一系列论断和构想，通过粮草轮作、间作、复种等模式可以充分利用气候资源、土地资源、物种资源，大幅度提高生物量。相对单一谷物种植的耕地农业而言，草地农业增加了农业系统的多样性、丰产性、稳定性，使其结构逐渐趋于复杂化、功能扩大化，在各种风险面前更富有弹性，成为一个靠系统耦合实现生态安全、经济兴旺的农业系统。所以草地农业是最符合农业伦理学标准的模式[⑤]。

---

① 任继周：《草地农业系统持续发展的原则理解》，《草业学报》1997年第6卷第4期，第1-5页。

② 任继周、林慧龙：《农区种草是改进农业系统、保证粮食安全的重大步骤》，《草业学报》2009年第18卷第5期，第1-9页。

③ 任继周、侯扶江：《我国山区发展营养体农业是持续发展和脱贫致富的重要途径》，《大自然探索》1999年第18卷第1期，第48-52页。

④ 任继周：《藏粮于草施行草地农业系统——西部农业结构改革的一种设想》，《草业学报》2002年第11卷第1期，第1-3页。

⑤ 赵安：《任继周院士农业伦理学思想探源——兼论草地农业与农业伦理之关联》，《兰州大学学报》（社会科学版）2023年第5期，第1-12页。

任继周还提出了“草地+”的技术范式[①]，如草地+家畜、草地+谷物、草地+蔬菜、草地+果树、草地+棉花、草地+烟草、草地+林木、草地+体育和草地+旅游等目标产品，通过延长生物链来延长产业链和壮大价值链。草地农业是草业与农林产业相结合、植物生产与动物生产相结合、物质生产与精神生产相结合、产品生产与流通生产相结合的多层次的现代化综合农业系统。草地是农业现代化必要的战略枢纽。

方精云等[②]提出“生态草牧业”，认为解决畜牧业饲草不足的关键在于草地建设，通过“以小保大”的方式适度发展人工草地，将大面积天然草地从放牧压力中解放出来，尤其是要在中低产田、北方农牧交错带大力发展草牧业。张英俊等[③]认为，农田中种植牧草具有提高作物产量、提高土壤肥力、减少作物病虫害、提升种养业效益等四重作用。曹晓风提出我国草业发展“不与人争粮，不与粮争地”的思路，认为边际土地是我国耕地的战略补充资源，提出了田菁与禾草混播改良重度盐碱地等模式[④]。王明利等[⑤]在三元结构的基础上，提出了“粮+经+饲+草”四元种植结构，更加精准地推动了人工种草和草食畜牧业发展。在种植模式推广上，玉米大豆套种、玉米苜蓿套种、小麦苜蓿轮作、小麦燕麦复种、燕麦箭筈豌豆混播等多种方案被提出并得到实践检验，将在下文中举例展示。

---

① 旭日干、任继周、南志标：《中国草地生态保障与食物安全战略研究丛书·总序》，科学出版社，2017，第1页。

② 方精云、潘庆民、高树琴等：《“以小保大”原理：用小面积人工草地建设换取大面积天然草地的保护与修复》，《草业科学》2016年第33卷第10期，第1913-1916页。

③ 张英俊、任继周、王明利等：《引草入田的四重效益》，《中国畜牧兽医报》2023年第1卷第1期，第8页。

④ 扈永顺：《中国科学院院士曹晓风：改良边际土地扩增食物产能》，https：//baijiahao.baidu.com/s?id=1759042197181703478&wfr=spider&for=pc。

⑤ 王明利、王美桃、杨春等：《构建我国“粮+经+饲+草”四元种植结构研究》，《甘肃农业》2013年第5期，第3-5页。

（二）粮草多元化种植的政策共识与深入解读

我国的种植业政策始终在曲折中探索前行。新中国成立初期谋求独立自主，将粮食封闭式自给定位为农业最高目标，“以粮为纲”“备战备荒”，全民支援战争、支援建设，把种植业推向自然承受的极限[①]。改革开放后，粮食产量连年增加，畜牧业同步快速发展，出现了“陈化粮”问题和饲草料短缺问题并存的现象。早在“七五”期间，国家就提出了粮食作物、经济作物、饲料作物三元种植结构并重的方针。1993年，国务院发布了《九十年代中国食物结构改革与发展纲要》[②]，再次强调了将粮食作物与经济作物二元结构转变为三元结构的重要性。虽然种植结构调整得到国家政策的支持，但在多元结构的认知中，不论“二元”或“三元”，都没有把牧草作为内涵之一，因而贯彻执行过程中产生本质性偏差，尤其是随着国际政治与贸易环境的动态变化，国内推行多元种植业的步伐总会受到不同程度的影响。

2015年，农业部印发《关于进一步调整优化农业结构的指导意见》[③]，在农牧交错带推行“粮改饲”，通过促进牧草产业发展来推动种植结构的多元化调整。国务院办公厅于2020年11月印发《关于防止耕地“非粮化”稳定粮食生产的意见》[④]，明确了耕地利用的优先序，永久基本农田要重点用于发展粮食生产，特别是保障稻谷、小麦、玉米三大谷物的种植面积。一般耕地主要用于粮食和棉、油、糖、蔬菜等农产品及饲草饲料生产。2021年11月，自然资源部、农业农村部、国家林业和草

---

① 任继周：《论华夏农耕文化发展过程及其重农思想的演替》，《中国农史》2005年第2期，第53-58页。

② 国务院：《九十年代中国食物结构改革与发展纲要》，《营养学报》1993年第15卷第4期，第371-376页。

③ 农业农村部：《关于进一步调整优化农业结构的指导意见》，http：//www.moa.gov.cn/nybgb/2015/san/201711/t20171129_5923389.htm。

④ 国务院办公厅：《关于防止耕地“非粮化”稳定粮食生产的意见》，http：//www.fgs.moa.gov.cn/flfg/202107/t20210730_6373236.htm。

原局联合印发《关于严格耕地用途管制有关问题的通知》[①]，对基本农田"种植粮食作物的情形"做了解释，即"在耕地上每年至少种植一季粮食作物和符合国土调查的耕地认定标准，采取粮食与非粮食作物间作、轮作、套种的土地利用方式"。2023年，中央"一号文件"[②]明确提出，"树立大食物观，加快构建粮经饲统筹、农林牧渔结合、植物动物微生物并举的多元化食物供给体系"。在被称为"史上最严耕地保护制度"的背景下，在政策实践端史无前例地达成了"引草入田"的新共识，这是历史的选择，是社会发展的根本保障，步伐虽小，实属农业发展进程中的重要转折。

要讲清楚"引草入田"究竟将草引到什么"田"上，即要区分"草地"和"种植饲草的耕地"的异同。从草业科学的角度讲，栽培草地可以是在耕地中，也可以是在草地、林地等其他农用地中，二者的交叉重合被统一在"草地"的概念之中；从法律的角度讲，自然资源部门将"草地"与耕地、林地等其他地类并列，而"种植饲草的耕地"依然属于"耕地"的范畴，而非法律中的"草地"。上文提到基本农田要"重点用于发展粮食生产"，这里的"重点用于"并不是法律意义上的"禁止性条款"，何况《关于严格耕地用途管制有关问题的通知》[③]对"种植粮食作物"的解释又肯定了在基本农田中推行粮草轮作、套间作的正确性。2023年新颁布的《中华人民共和国粮食安全保障法》第十三条规定"耕地应当主要用于粮食和棉、油、糖、蔬菜等农产品以及饲草饲料生产"，"落实耕地利用优先序，调整优化种植结构"[④]。该法没有区分"耕地"

---

① 自然资源部、农业农村部、国家林业和草原局：《关于严格耕地用途管制有关问题的通知》，http：//gi.mnr.gov.cn/202112/t20211224_2715748.html。

② 中共中央、国务院：《2023年中央一号文件公布提出做好2023年全面推进乡村振兴重点工作》，https：//www.gov.cn/xinwen/2023-02/13/content_5741361.htm。

③ 自然资源部、农业农村部、国家林业和草原局：《关于严格耕地用途管制有关问题的通知》，http：//gi.mnr.gov.cn/202112/t20211224_2715748.html。

④ 全国人民代表大会常务委员会：《中华人民共和国粮食安全保障法》，http：//www.npc.gov.cn/c2/c30834/202312/t20231229_433989.html。

中的基本粮田与一般耕地。综上所述，可以用来种草的地类包括：基本农田中的粮草轮作套种，一般耕地可以大面积饲草单作，林地、草地可以免耕混播、补播。梳理清楚上述政策共识，是保证饲草产业发展空间、优化种植业结构的基本前提。

（三）粮草多元化种植的一些案例示范

2023年，笔者主持了由全国畜牧总站委托的“黄河流域草牧业高质量发展技术集成与示范项目效益评价”项目，其间对黄河上游的青海湟源、内蒙古磴口，中游的陕西榆阳、甘肃环县，下游的河南兰考、山东昌邑等6个示范县（区）的草牧业技术示范项目进行了实地调研。本章选取的粮草套作、复种、混作等几种代表模式中的典型案例，均为笔者在实地调研中对项目实施主体和技术推广单位的访谈实录，作为饲草入田、藏粮于草的有力证据。文中提到的技术大多已经成熟且正在进行推广，但仍然还存在很多有待完善的技术问题，限于篇幅不展开讨论。

案例1：套作模式

2020年以来，国家大力推广“玉米+大豆”的套作系统，常看到“玉米基本不减产，增收一季豆”的宣传。甘肃环县所在的陇东黄土高原地区的套作方式是“2+4”，即2行大豆，4行玉米。当地的一个村委会主任介绍了2022年田间实践的结果，每亩地套作比单作玉米播种面积减少1/3，通过合理密植可以维持产量不减少，亩产还是800公斤，每斤1.4元，每亩套种的玉米收入约2000元。如果以饲用全株玉米计，所产营养物质至少3倍（粗蛋白）到5倍（饲用干物质）于此。相比于玉米单作，每亩地多出1/3的大豆，产量约150斤，单价2.8元，每亩套种的大豆收入约400元。两项合计2400元左右。套种之后玉米面积减小但产量不变，多出来的大豆收入就属于净增长收益。当地政府对上述套种的补贴力度达每亩250元，基本涵盖了套种所需的所有农资与机械费用，农户除了要投入少量劳动力之外，几乎是零成本，收益还比单作效益高。

案例评析：套间作种植的耕作模式，因田间管理不便几乎在农村绝迹，政府以财力助推某种套作系统的做法几乎是第一次出现。玉米和大豆是工业饲料的主要原料，该套作模式为提高饲料粮自给率服务。更重要的是，以套间作系统为代表的绿色种植在政府的助推下得到广泛关注。套种之后的玉米受光、通风效果更好，最大化实现了“边行效应”，同时，豆科植物根系固氮，能增加土壤肥力。当然，套作模式中的田间管理问题也不容忽视。为此，还出现了对“玉米+大豆”套种的其他修正方案，如在黄土高原实行的“玉米+拉巴豆”套作，拉巴豆也属于一年生豆科植物，在黄土高原寒旱地区的抗逆性和生物量表现更好，但二者在收获过程中也容易出现拉巴豆不易切碎且缠绕机械等问题；再如在华北平原试行“玉米+苜蓿”套作模式，这是一年生粮食与多年生牧草之间套作与混贮的代表，二者的生长和收获不同步也带来很多现实问题。但应该看到，“玉米+大豆”套作补贴的官方行为极大地推动了民间对套间作系统的认识和持续创新。

案例2：复种模式

笔者调研的磴口县位于内蒙古巴彦淖尔，处于黄河“几”字弯的河套灌区，降水量只有140毫米，蒸发量超过2000毫米，土地沙化严重，但靠近黄河，灌溉条件较好，导致土壤盐碱化普遍。当地的种植业以小麦、向日葵等粮食作物和经济作物为主，复种指数较低，土地利用率不高。当地草业工作者提出“麦后葵前”加播两茬燕麦的做法，以饲草优化茬口衔接。具体做法是在7月底小麦收获至10月中旬初霜期的80天秋闲田，和4月顶凌至6月中旬向日葵播种前60多天的春闲田，加播两茬燕麦。燕麦只收割营养体，对这两段时间的水热资源利用充分，且对寒旱等逆境适应较好，只要达到乳熟期就可收获，对时间节律的要求并不会太苛刻。

案例评析：上述复种模式是在当地原有粮食作物（小麦）和经济作物（向日葵）二元结构基础上，引入燕麦饲草种植，解决了复种指数低“一季有余、两季不足”的问题，形成了粮食、经济、饲草三元种植结构，优化形成了“三元两季”的种植方案，实现了增产增收、增草固沙的目标。国内不同地区的各种复种模式早已广泛存在，如黄淮海地区复种指数过高，地力消耗及肥药利用极大，复种的蔬菜、水果还会出现滞销等问题，增产不一定增收，这是复种类别搭配不够优化的结果。由此可见，各地对引草入田不够重视，对饲草改土肥田、节本增效，以及饲草市场长期短缺等认识不足，引草入田的技术方案和技术推广力度不够。

案例3：混作模式

青海省湟源县位于青海湖东岸，日月山东麓，湟水河上游，平均海拔3070米，高寒干旱，日照时间长，年平均气温10.5 ℃，年平均降水量468毫米，雨热同期主要集中在6—9月，无霜期47天。该地区长期以来以禾本科饲草为主栽草种，但是长期连作造成土壤养分明显降低。同时，单项禾草粗蛋白含量较低，饲草营养水平不均衡，不利于当地草业与畜牧业的纵深发展。针对以上问题，相关研究团队提出一年生豆禾混作节肥提质技术，即饲用豌豆与燕麦或小黑麦进行豆禾混播，混播比例为3∶7，较单播时的种子播量降低10%～15%，化肥用量减少30%～40%，土地利用率提高5%以上，且产量不减，蛋白质含量提升2%～4%，很好地解决了禾草重茬减产问题。该技术模式通过筛选出适合高寒地区种植的优质饲草和混播比例，实现不同饲草在光能利用、养分吸收、抗倒伏能力上的优势互补，达到用地养地、化肥减施和协同增效的技术效果。

案例评析：根据不同地区的禀赋，作物混播的模式很多，如苜蓿与高羊茅混播，苜蓿与无芒雀麦混播等，豆禾混播是最具代表性的一种经典模式，实现了豆科作物与禾本科作物在生态位上的竞争互补。混播模式中最核心的哲学思想在于，尽可能地模拟自然生态系统原有的潜在势能，充分利用自然资源，最大限度地减少外在干扰，实现生态生产力的释放。当然，根据不同地区的混播模式，还需要对品种筛选、草种配置、混播比例、肥料调控等细节技术问题进行研究，制定最佳混播组合和群落优化配置方案，提高作物的产量和品质。对于饲用大豆和燕麦混播时，在收获、干燥过程中出现的豆禾不同步等问题，还需继续进行技术研发。

五、结语

（一）小结

农业伦理学是农业的哲学，主张从农业生态系统的整体视角来重估当前农业生产中细枝末节的技术性问题。在任继周构建的“顺天时、量地力、行有度、法自然”的农业伦理学四维结构中，包括了对植物生产系统的伦理学探讨。本章正是从土地利用、植物生产、草畜产业等角度，对农业伦理学展开创新性应用的探讨。从农业伦理学的角度，能更好地理解“藏粮于地”与“藏粮于草”之间绝不是对立关系，而是相互补充、互利共赢的。

回望全球农业发展史，国内外农业生产实践和研究历来重视作物多样化种植，强调通过粮食和绿肥（即草类）的间作、套种、混播、复种等种植方式达到集约用地和持续养地的目标。早在东汉郑玄注的《周礼》中就有谷子、冬麦、大豆轮作复种的记载，西汉《氾胜之书》中也有瓜豆间作的记载，《齐民要术》《农政全书》《天工开物》《沈氏农书》等书中都有过黍、稷、麦、稻与苜蓿等绿肥轮间作的案例[①]。18世纪，欧洲就开始推行草田轮作，如英国的四圃式轮作在西方世界的推广；荷兰用2/3的耕地栽培牧草，发展草地畜牧业；苏联科学家提出“禾豆混播”和“草田轮作”以改良土壤结构；美国也有草地农业的概念，并直接将其定义为“牧草在农业中的合理应用”；新西兰、澳大利亚等国家是全世界草地农业的典范。若将我国一味追求“藏粮于地的耕地农业”所存在的问题，放在中国农业史、世界农业史的角度去比较，或许就一目了然了。“藏粮于草”的逆向思维使农业回归自然、回归历史，但绝不是原始的自然状态，而是以生物技术和信息技术武装过的全新自然观，“藏粮于草”的草地农业是最符合农业伦理的生态文明模式。

---

① 任继周：《中国农业伦理学史料汇编》，江苏凤凰科学技术出版社，2015，第261-308页。

（二）建议

一是将口粮、饲粮、饲草种植区别统计。目前，人食口粮和饲料用粮没能区别统计，而饲草种植则完全没有被纳入种植业统计范畴。只有精确统计以上数据，才能有的放矢地解决人畜争粮、粮草争地的问题。以饲草种植的统计为例，农业农村、自然资源、林草等不同部门的涉草数据较为零散：一是耕地种草，如基本农田中粮草轮作、间作、复种的饲草面积，以及一般耕地当中的上述耕作方式或单作的饲草面积，该部分的数据要注意与“粮改饲”“粮转饲”等方向上的粮食种植重复统计；二是“非农田区”种草，如林地、草地、湿地等其他农用地中的栽培草地，因林、草面积在国土资源中的比例极大，不可忽视；三是开垦区种草，如荒漠区、盐碱地、农牧交错区等后备耕地当中新开垦的大片商品草种植区域，均应统计在内。应该整合不同部门的力量，尽快将饲草种植纳入种植业的统计口径中，为草业扩面增量扫清政策障碍。任继周曾提出“食物当量”的概念及计算方法①，食物当量是以热量与蛋白质含量的综合来衡量食物食用价值的向量，可以衡量口粮、饲料、饲草等一切可以作为食物的物质的食用价值，可供生产管理部门借鉴。

二是因地制宜地开展粮草多元种植模式。古人云“三农生九谷”，这里所谓的“三农”是指“平地、山、泽”等多种地形地貌，反映的是依据不同地势来安排农事。古人所谓“山处者林、谷处者牧、陆处者农、水处者渔”，就是今天所说的“宜农则农、宜林则林、宜牧则牧、宜渔则渔”，因地制宜是农业生产最经济、最智慧的资源配置方式。如我国30%的国土面积位于农牧交错区，分布在大小兴安岭、内蒙古中南部—长城沿线、晋陕甘黄土丘陵、陇中青东丘陵、川滇高原山地、滇南农林区等地区的大量低等级耕地，应该多发展营养体农业和草食畜牧业。又如我国有约15亿亩盐碱地，且以每年1.5%的速度增长，至少有5亿亩具有开发利用潜力，可以通过筛选耐盐碱的先锋饲草来改良土壤，实现后备耕

① 任继周、侯扶江：《改变传统粮食观，试行食物当量》，《草业学报》1999年第8卷第12期，第55–75页。

地资源扩容、提质、增效。再如我国70%的山区，很多区域不适合开展大规模谷物种植，却囿于传统的粮食观，片面追求低水平的谷物生产，导致生产、生态、生活“全输”的局面。本章建议在丘陵沟壑、草山草坡、河海滩涂等区域，应该充分结合地理场景，构建丰富多元的种植结构，耦合相应的畜牧业结构，以构建繁荣兴盛的大农业基地。

三是坚持全球农业系统的整体性与开放性不动摇。在全球化市场当中，农产品完全自给、封闭性刚性自给违反农业系统开放性原则，尤其是在需求侧高度多元化的全球化体系当中，不可能有任何一个经济体可以在不削弱消费者福利的前提下实现完全自给。农业生产高度依赖自然禀赋，不同纬度地带的国家，必然有不同的比较优势，这就是国际贸易中的李嘉图相对优势理论。只是国际贸易与国际政治经常性深度嵌套，导致粮食等农产品的贸易不单纯是一个自由流通的经济学问题。如某些国家为了一己之利，动辄实施经济制裁，割裂全球产业链。我国处于这一格局之中，不得不力求战略性农产品自给，但任何在自身设定范围内试图实现封闭性循环的行为，都会造成对农业系统整体功能的损害。农业系统开放越充分，其生态健康越好，其生产效益越高，现代化程度也越高。因此中国坚持对外开放，力图以全球农业资源发展全球农业的大目标不动摇，要有“藏粮于全球耕地”和“藏粮于全球草牧业”的格局统筹利用国内、国际的市场和资源，构建科学合理、安全高效的粮食供给保障体系。另外，从农业伦理的视域讲，我国农业现代化的基准线就是陆海界面的充分开放，突破“海内即天下”的陆地农业养成的“封闭式自给”的思维惯性，以全球农业资源的生产潜势来发展全球农业，以跨海农业系统的伦理高度来构建人类命运共同体。

第六章

种植模式："耕地种草"的政策与伦理[①]

一、引言："耕地种草"的合理性

近年来，为扭转粮食种植面积下滑势头，国家连续做出了坚决制止耕地"非农化"、防止耕地"非粮化"决策部署，貌似严重挤占了草业的发展空间，其实并非如此。2024年6月1日，《中华人民共和国粮食安全保障法》[②]正式实施，该法充分吸收了国务院办公厅2020年11月印发的《关于防止耕地"非粮化"稳定粮食生产的意见》[③]和自然资源部等部门2021年11月联合印发的《关于严格耕地用途管制有关问题的通知》[④]中的最新立法精神。《中华人民共和国粮食安全保障法》第十三条规定"耕地应当主要用于粮食和棉、油、糖、蔬菜等农产品及饲草饲料生产"，明确

---

① 本章已全文刊登在《草业科学》（有改动）。赵安、任继周：《"耕地种草"的伦理、政策与科学技术》，《草业科学》2025年第42卷第4期，第1-14页。

② 全国人民代表大会常务委员会：《中华人民共和国粮食安全保障法》，http：//www.npc.gov.cn/c2/c30834/202312/t20231229_433989.html。

③ 国务院办公厅：《关于防止耕地"非粮化"稳定粮食生产的意见》，http：//www.fgs.moa.gov.cn/flfg/202107/t20210730_6373236.htm。

④ 自然资源部、农业农村部、国家林业和草原局：《关于严格耕地用途管制有关问题的通知》，http：//gi.mnr.gov.cn/202112/t20211224_2715748.html。

了耕地用于“饲草饲料生产”的合法性[①]。在史上最严格的耕地保护制度背景下，实践领域史无前例地达成了“耕地种草”的共识，但一些地方理解有偏差，片面认为耕地不能种草，导致饲草种植空间受到挤压，“大食物观”没有得到很好的践行。为了扫清迷雾，坚定信心，笔者尝试从农业伦理、草业科学等角度，对上述法律法规、政策文件的正当性做进一步的诠释，供草业界同仁参考。

二、文献回顾与分析框架

（一）文献回顾

前人的引草入田、耕地种草等相关研究中，已经包含了非常丰富的草业科学与农业伦理内涵。任继周最早提出了草地农业生态系统理论[②]，包括农区种草[③]、营养体农业[④]、藏粮于草[⑤]等一系列论断和构想，通过粮草轮作、间作、复种、混播等模式来充分利用气候资源、土地资源、物种资源，提高后茬作物品质，减少杂草和病虫害，改土肥田，保持水土等一系列良好的经济与生态效益。相对单一谷物种植的耕地农业而言，草地农业增加了农业系统的多样性、丰产性、稳定性，使其结构逐渐趋于复杂化、功能扩大化，在各种风险面前更富有弹性，成为一个靠系统耦合实现生态安全、经济兴旺的农业系统。各地实践证明，在耕地上发

① 全国人民代表大会常务委员会:《中华人民共和国粮食安全保障法》，http：//www.npc.gov.cn/c2/c30834/202312/t20231229_433989.html。

② 任继周:《草地农业系统持续发展的原则理解》，《草业学报》1997年第6卷第4期，第1-5页。

③ 任继周、林慧龙:《农区种草是改进农业系统、保证粮食安全的重大步骤》，《草业学报》2009年第18卷第5期，第1-9页。

④ 任继周、侯扶江:《我国山区发展营养体农业是持续发展和脱贫致富的重要途径》，《大自然探索》1999年第18卷第1期，第48-52页。

⑤ 任继周:《藏粮于草施行草地农业系统——西部农业结构改革的一种设想》，《草业学报》2002年第11卷第1期，第1-3页。

展饲草，实现了化草为粮、增草节粮的目的[①]。“耕地种草”就是通过农业系统耦合激发生态系统原有的生产潜势，不是在农药、化肥、除草剂、基因工程等外在的软实力或硬实力的加持之下的粮食连增[②]。基于对种植业外部投入的正当性的讨论，即通过使用剂量和技术迭代，来保障粮食生产不减产的线性技术路线、思维方式，需要进行反思。我们则从种植业内部作物结构的合理搭配，如通过套作、间作、复种、轮作、混播等禾豆搭配、粮草兼顾方式，来实现保水、保土、保肥、保多元种植模式、保农业系统多样性的做法，具有丰富的哲学内涵[③]。只是在过往的研究中，并没有明确将“种植业伦理”这一概念提出来罢了。

（二）研究进路

根据前文提出的现实问题，我们对“耕地种草”政策的正当性，尝试从“为何种、种在哪、怎么种”等次序展开论证。第一步是从农业伦理的角度，回答“为何种”，结合不同历史时期、不同地域条件的文献，以及外在投入品的使用限度、生物多样性的系统耦合之法等四个方面，凝练了耕地种草中所包含的农业伦理内涵。第二步是结合现有政策法规，对“耕地种草”究竟应该“种在哪里”进行了细致梳理，如基本农田、一般耕地、等级较低的耕地，林地、草地等农用地，以及具备潜在价值的边际土地等应用场景中不同的政策规范。第三步是从草业科学的技术角度，简要介绍耕地种草中“怎么种”的典型模式，包括但不限于粮草轮作、间作、混播，以及“草地+”等理念。全文的研究进路，将按照率先明确种草的理由，即伦理问题；再解决种的空间，即通过合理的政策，找到种草的土地；最后，依托草业科学和技术高效种植。以此回答种草

① 张英俊、任继周、王明利等：《引草入田的四重效益》，《中国畜牧兽医报》2023年第1卷第1期，第8页。

② 任继周：《我国传统农业结构不改变不行了——粮食九连增后的隐忧》，《草业学报》2013年第22卷第3期，第1-5页。

③ 赵安、柏瑛：《农业伦理视域下“藏粮于地”与“藏粮于草”的辩证关系——兼论〈粮食安全保障法〉第二章“耕地保护”》，《草业学报》2024年第33卷第10期，第183-193页。

的"理""地""技"三个层面的问题。

（三）分析框架

参照前面的研究进路，充分借鉴以往文献成果，我们尝试提出了"耕地种草"中的"伦理—政策—科学"的分析框架。从农业伦理和草业科学两个方面，论证耕地种草政策的正当性与科学性。我们将研究进路和分析框架予以凝练，如图6-1所示。

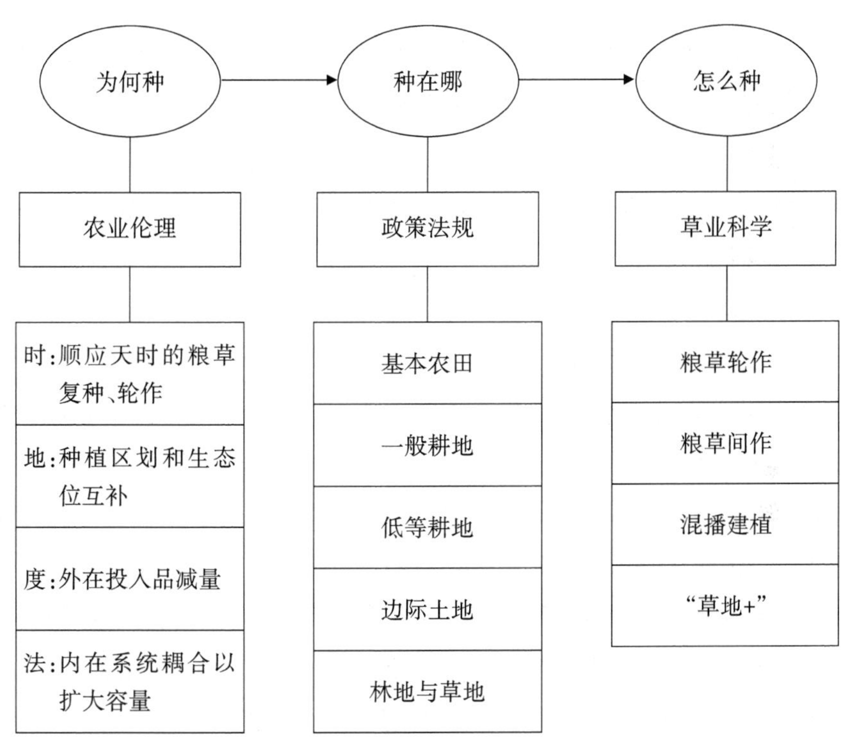

图6-1　"伦理—政策—科学"的分析框架与研究进路

图6-1第一行是按照研究进路的次序展开，即为何种、种在哪、怎么种，第二行是从农业伦理和草业科学两个方面，论证政策的合理性与科学性，第三行是对三个模块的丰富和解释。从图6-1中我们可以看出，"耕地种草"政策共识的形成，是有坚实的科学与哲学依据的。以"耕地种草"为代表的草地农业，既包含了多层级、多界面的农业科技，也囊

括了多维度、多样性的农业伦理，展现出科学方法与哲学思想的融合。通过上述分析框架，我们努力为“耕地种草”的公共政策和农业实践提供伦理和科学上的辩护，希望其能得到深入发展和继续推广。

三、“耕地种草”的伦理内涵

我们用复杂科学、系统科学发展了现代草业科学，又在此基础上返本开新地阐发以农业伦理为代表的新哲学，如物质层面提出了顺应天时、巧借地利的维度，精神上延伸出行有度、法自然的维度，即农业伦理学的四维结构[①]。“耕地种草”的种植业模式，是同时满足了上述四维结构的农业实践，在保持生态健康的前提下获取产品，从而保持了农业生态系统的勃勃生机、历久常新。这种种植模式最大限度地模拟了生态系统原有的多样性，从农业伦理的角度讲，符合自然生态系统基本规律的农业行为，就是对的、善的，违反自然的做法就是错的、恶的。

（一）“耕地种草”的时之维

种植业作为大农业的重要组成部分，古往今来积累了大量的智慧，其中顺应天时又是最重要的知识之一，时至而生，时过则竭。“二十四节气”就是最经典的代表，天不变其常，地不易其则，春秋冬夏不更其节。时序还体现在不同的作物上[②]，如“春分种麻种豆，秋分种麦种蒜”“谷雨前后，种瓜种豆”“清明种高粱，六月接饥荒”“立秋栽葱，白露种蒜”等。而草地农业中的饲草与谷物的轮作、复种等方式，就充分体现了对时令的顺应，最大限度地利用土地及光热资源，“则相继以生成，相资以利用，种无虚日，收无虚月”。在不同历史时期的文献资料中，都可以找到草田轮作的记载[③]，如表6-1所示，这充分说明“耕地种草”有着丰富

① 任继周：《中国农业伦理学概论》，中国农业出版社，2021，第39-48页。

② 董世魁、任继周、方锡良等：《种植业的农业伦理学之度》，《草业科学》2018年第35卷第10期，第2299-2305页。

③ 田福平、师尚礼、洪绂曾等：《我国草田轮作的研究历史及现状》，《草业科学》2012年第29卷第2期，第320-326页。

的历史积累，并非现代科学的发明创造。

表6-1　不同历史时期草田轮作的文献记载①

时期	夏商时期	春秋战国	秦汉时期	两晋南北朝时期	隋唐宋时期	明清时期
相关史书记载	易田制；撂荒休田	土地连作；谷田岁易；一岁而再获	苜蓿、禾、麦、豆轮作；桑、黍混作；瓜、韭、小豆间作	北方大豆、粟、麦、黍轮作；南方水稻与毛苕子轮作	北方粮草两年三熟制的完善；南方绿肥与粮食作物轮作的成熟	粮肥、粮棉轮作；水稻与紫云英轮作，绿肥、早稻、晚稻的轮作

（二）"耕地种草"的地之维

农业伦理中的"明地利"就是遵循土地的地势、地域、地力、水热等客观条件，来科学确定作物种类、种植结构、耕作模式的一种哲学智慧。"耕地种草"至少包括两方面的内涵：一是在基本粮田等主要耕地资源内部，进行粮草套作、间作、轮作，借助不同作物的生态位差异，以及竞争与互补关系，进行科学的作物搭配来保持"地力常新壮"，达到种地养地、增草增粮的目的。二是在低质量的耕地、边际土地等自然条件较差，粮食作物的产量普遍不高的地区，甚至是在盐碱地、滩涂上种植耐盐碱饲草品种，不仅增加了饲草供应，而且改良了土质，形成了土地增量。我国不同地区结合当地的自然禀赋探索了丰富的草田轮作的案例或模式，表6-2中略举例如下。

① 任继周：《中国农业伦理学史料汇编》，江苏凤凰科学技术出版社，2015，第261-308页。

表6-2 我国不同地区草田轮作的模式举例[①]

地理地带	华北地区	西北地区	东北地区	华南地区
草田轮作模式	冬小麦—春玉米；春绿豆—夏玉米；春玉米—苜蓿或花生；高丹草—黑麦草	冬小麦—豆科牧草—玉米；苜蓿—玉米—冬小麦；扁豆—小麦—马铃薯	高粱—谷子—大豆；大豆—谷子—小麦—高粱；玉米—向日葵—草木樨	水稻—黑麦草；水稻—紫云英；水稻—光叶紫花苕；黑麦草—玉米

（三）“耕地种草”的度之维

“度”是农业伦理学中的本根和命门，因法因序为度，因时因地为度，因事因势为度，“帅天地之度以定取予”[②]。传统谷物种植的模式，因农药、化肥、除草剂、地膜等投入品的大量使用，一直处于高投入、高产出、高强度、超负荷的状态，造成耕地土壤有机质含量较低、土壤养分失衡、生物群系减少、耕作层变浅等现象比较普遍。据统计，2020年，全国农用化肥施用量（折纯量）5191万吨，氮、磷使用量远超安全边界，三大主粮化肥利用率40.2%[③]；全国化学农药使用量24.83万吨[④]，三大粮食作物化学农药利用率40.6%，病虫害统防统治覆盖率41.9%[⑤]；全国土壤污染调查抽样的点位中，污染总超标率为16.1%[⑥]。依靠外部投入

① 任继周主编：《中国农业系统发展史》，江苏凤凰科学技术出版社，2015，第12–21页。

② 任继周、方锡良、胥刚等：《地的农业伦理学诠释》，《兰州大学学报》（社会科学版）2017年第6期，第10–18页。

③ 农业农村部：《关于印发〈到2025年化肥减量化行动方案〉和〈到2025年化学农药减量化行动方案〉的通知》，http://www.moa.gov.cn/govpublic/ZZYGLS/202212/t20221201_6416398.htm。

④ 农业农村部：《关于印发〈到2025年化肥减量化行动方案〉和〈到2025年化学农药减量化行动方案〉的通知》，http://www.moa.gov.cn/govpublic/ZZYGLS/202212/t20221201_6416398.htm。

⑤ 中华人民共和国农业农村部：《“十四五”全国饲草产业发展规划》，http://www.moa.gov.cn/nybgb/2022/202203/202204/t20220401_6395157.htm。

⑥ 生态环境部：《环境保护部和国土资源部发布全国土壤污染状况调查公报》，https://www.mee.gov.cn/gkml/sthjbgw/qt/201404/t20140417_270670.htm。

以维持高产的路径终究是不可持续的，而引草入田、草田轮作可以防止病虫害，阻断病害传播，抑制害虫越冬，减少农药化肥施用量，同时改良土壤，改善土壤质量，提高土壤肥力，增加保水性①。通过“耕地种草”来探索新的种植业模式，就是适度、均衡、协调、可持续的“度”的体现。

（四）“耕地种草”的法之维

农业伦理中的“法”就是自然法则，如界面层积之法、系统耦合之法、生物多样性之法等。“耕地种草”在伦理学法之维上的体现，就是通过系统耦合激发生态生产力，扩大农业伦理容量。中国数千年的传统农业是以谷物种植为主体的结构扁平、阈限狭窄的模式，新中国成立后将“以粮为纲”视为农业现代化的途径，过分追求谷物高产而付出沉重的生态、经济代价。以草地农业为代表的农业生态系统包括前植物生产层、植物生产层、动物生产层、后生物生产层，四个生产层之间形成的三大主要界面，即农作物与地境之间的界面、植物生产系统与动物生产系统之间的界面、动植物农业系统与食物加工等社会行为之间的界面，不同生产层与界面之间衍生出了众多社会问题②。“耕地种草”使农业的耦合层越完善，界面的开放功能越发达，生产效益就越高，农业伦理学的容量也就越大③。

四、“耕地种草”中“地”的类别

2022年，农业农村部印发《“十四五”全国饲草产业发展规划》④，简要指明了饲草产业的发展空间，如“我国年降水量400毫米以下地区的

---

① 邢福、周景英、金永君等：《我国草田轮作的历史、理论与实践概览》，《草业学报》2011年第20卷第3期，第245-255页。

② 任继周、方锡良、侯扶江：《论农业界面的伦理学涵义》，《自然辩证法通讯》2018年第40卷第6期，第1-9页。

③ 任继周、林慧龙、侯扶江：《农业层积之法的农业伦理学诠释》，《兰州大学学报》（社会科学版）2018年第4期，第1-7页。

④ 中华人民共和国农业农村部：《“十四五”全国饲草产业发展规划》，http：//www.moa.gov.cn/nybgb/2022/202203/202204/t20220401_6395157.htm。

耕地、盐碱地、水热条件较好的草原等土地资源存量大”，“利用农闲田、果园隙地、四边地等土地种草已具备较为成熟的技术和模式，开发利用潜力巨大”。这些条款基本指明了发展方向，但依然有很多政策文件、工作方针、考核办法，对地方干部在种植业中的决策造成实际影响，如《“十四五”全国种植业发展规划》[①]等文件，依然没有将饲草种植纳入种植业的统计口径当中，导致青贮玉米、饲用燕麦、饲用小黑麦等均不能统计为粮食种植。所以除了新颁布的《中华人民共和国粮食安全保障法》之外，还需继续理清耕地种草的迷雾。本章对现有政策进行了深入解读，希望能为草业扩面增量扫清政策迷雾。详见表6-3。

表6-3 多类农用地种草政策梳理

	耕地			边际土地	林地与草地
	基本农田	一般耕地	低等耕地		
概念界定	又称永久基本农田，重点用于发展粮食生产，不得改变用途	国家承认并规定用于农业生产的土地，包括耕地、园地和林地中的可耕地	与基本农田、一般耕地的概念有交叉，指按质量等级被评价为七至十等的耕地	代指后备耕地，经济学上认为开辟土地与土地收益等效的土地	生长乔木、竹类、灌木的林地，生长草本植物的草地，以一定的郁闭度进行划分
基本数据	永久基本农田不少于15.46亿亩	总耕地19.179亿亩扣除基本农田剩余的3.7亿亩	面积4.44亿亩，占耕地总面积的21.95%	超过5亿亩盐碱地具有开发价值	林地42.6亿亩、草地39.67亿亩，是耕地面积的4倍多
种草条件	每年至少种植一季粮食作物，不能种多年生牧草	主要用于粮食和棉、油、糖、蔬菜等农产品及饲草饲料生产	地力差，生产障碍因素突出，短时间难以根本改善，建议优先种草	国内主要的商品草产业集群都在这些区域	通过免耕补播、混播等生态修复方式来种草

① 农业农村部：《“十四五”全国种植业发展规划》，http://www.moa.gov.cn/nybgb/2022/202202/202204/t20220401_6395092.htm。

续表6-3

	耕地			边际土地	林地与草地
	基本农田	一般耕地	低等耕地		
政策依据	《中华人民共和国土地管理法》《中华人民共和国基本农田保护条例》《关于防止耕地"非粮化"稳定粮食生产的意见》《关于严格耕地用途管制有关问题的通知》		《全国耕地质量等级情况公报》《耕地质量保护与提升行动方案》	《"十四五"全国饲草产业发展规划》	《中华人民共和国草原法》《中华人民共和国森林法》《第三次全国国土调查主要数据公报》

（一）基本农田

"基本农田"又称"永久基本农田"，无论什么情况下都不能改变其用途，不得以任何方式挪作他用。国务院办公厅于2020年11月印发《关于防止耕地"非粮化"稳定粮食生产的意见》①，明确了耕地利用的优先序，永久基本农田要重点用于发展粮食生产，特别是保障稻谷、小麦、玉米三大谷物的种植面积。这里的"重点用于"并不是法律意义上的"禁止性条款"。2021年11月，自然资源部、农业农村部、国家林业和草原局联合印发《关于严格耕地用途管制有关问题的通知》②，对永久基本农田"种植粮食作物的情形"进行了解释："包括在耕地上每年至少种植一季粮食作物和符合国土调查的耕地认定标准，采取粮食与非粮食作物间作、轮作、套种的土地利用方式。"2024年颁布的《中华人民共和国粮食安全保障法》明确了耕地用于"饲草饲料生产"的合法性③。通过对以上文件的解读，我们可以大胆地得出结论，基本农田在确保每年一季粮

① 国务院办公厅：《关于防止耕地"非粮化"稳定粮食生产的意见》，http：//www.fgs.moa.gov.cn/flfg/202107/t20210730_6373236.htm。

② 自然资源部、农业农村部、国家林业和草原局：《关于严格耕地用途管制有关问题的通知》，http：//gi.mnr.gov.cn/202112/t20211224_2715748.html。

③ 全国人民代表大会常务委员会：《中华人民共和国粮食安全保障法》，http：//www.npc.gov.cn/c2/c30834/202312/t20231229_433989.html。

食作物的前提下，可以通过粮草轮作、套种等方式改土肥田，以达到用地养地、增草增粮的目的。

（二）一般耕地

除了永久基本农田之外的其他一般耕地上的饲草种植有明确的规定。《关于防止耕地“非粮化”稳定粮食生产的意见》[①]和《关于严格耕地用途管制有关问题的通知》[②]，都指出“一般耕地应主要用于粮食和棉、油、糖、蔬菜等农产品及饲草饲料生产”，即一般耕地种植饲草的方式，不光可以粮草轮作、套作，也可以大面积单作种植，这是被明文许可的。所以，一般耕地为商品草的规模化生产提供了最重要的发展空间，尤其是为多年生牧草的规模化种植提供了重要的政策支持。但一般耕地数量有限且呈现萎缩趋势，全国总耕地面积19.29亿亩，扣除基本农田15.50亿亩，剩余的一般耕地只有3.79亿亩。据统计，2020年全国利用耕地（含草田轮作、农闲田）种植优质饲草近8000万亩，其中全株青贮玉米3800万亩，饲用燕麦和多花黑麦草1000万亩，优质高产苜蓿650万亩[③]，有限的种植面积导致饲草的缺口依然在5000万吨以上。

（三）低等耕地

农业农村部2019年发布的《全国耕地质量等级情况公报》[④]，将全国耕地按质量等级由高到低依次划分为一至十等，我们通常将评价为七至十等的耕地称为“低等耕地”，其面积达到4.44亿亩，占耕地总面积的23.02%。这部分耕地基础地力相对较差，生产障碍因素突出，短时间内较难得到根本改善。低等耕地的范围与上述基本农田、一般耕地有所重

① 国务院办公厅：《关于防止耕地“非粮化”稳定粮食生产的意见》，http：//www.fgs.moa.gov.cn/flfg/202107/t20210730_6373236.htm。

② 自然资源部、农业农村部、国家林业和草原局：《关于严格耕地用途管制有关问题的通知》，http：//gi.mnr.gov.cn/202112/t20211224_2715748.html。

③ 中华人民共和国农业农村部：《“十四五”全国饲草产业发展规划》，http：//www.moa.gov.cn/nybgb/2022/202203/202204/t20220401_6395157.htm。

④ 农业农村部：《2019年全国耕地质量等级情况公报》，http：//www.moa.gov.cn/nybgb/2020/202004/202005/t20200506_6343095.htm。

复，这里单独列出来以强调低等耕地优先种草的现实意义。2021年，自然资源部公布的《第三次全国国土调查主要数据公报》①显示，位于年降水量400毫米以下地区的耕地30311.53万亩，占耕地总量的15.8%；位于25°以上坡度的耕地6337.83万亩，占3.31%。这些耕地种植粮食作物的单产不足高等耕地的一半。尤其是位于大小兴安岭、内蒙古中南部—长城沿线、晋陕甘黄土丘陵、陇中青东丘陵、川滇高原山地、滇南农林区等农牧交错区域近30%的耕地，水热匹配度不高，应该多发展营养体农业和草食畜牧业。

（四）边际土地

边际土地，也可以代指后备耕地。“边际土地”原本是西方土地经济学中的概念，用来指土地的生产收益刚好补偿开垦土地的垫付或投资，在经济学上处于收益和成本等效的均衡点，即开发意义不大的土地。在国内往往指盐碱地、滩涂地、未利用土地等具有潜在开发价值的后备耕地。我国仅盐碱地就超过15亿亩，其中至少5亿亩具有开发价值。不难发现，目前国内主要的商品草产业集群往往都在这些区域，如内蒙古呼和浩特与巴彦淖尔的黄灌区、宁夏银川与吴忠的黄灌区、鄂尔多斯高原与陕北榆林风沙区、内蒙古赤峰与通辽的科尔沁沙区等地区，是国内社会资本投资商品草的主要生产区域，所用土地基本都是从乌兰布和沙漠、库布齐沙漠、毛乌素沙地、科尔沁沙地等荒漠边缘地带开垦而来，通过长期的种草肥田以实现土地增量。

（五）林地与草地

林地、草地是否可以用来种草？这个问题似乎有些荒诞。草地种草的做法通常包括翻耕再种、重播牧草，或在原有草地上补播改良。但很多地区出现了“草地不能种草”的怪象。《第三次全国国土调查主要数据

---

① 自然资源部：《第三次全国国土调查主要数据公报》，https：//www.gov.cn/xinwen/2021-08/26/content_5633490.htm。

公报》[①]显示，我国耕地面积19.29亿亩，而林地42.60亿亩、草地39.67亿亩、湿地3.53亿亩等生态功能较强的农用地共计85.80亿亩，是耕地面积的4倍多。一些地区的林草行政部门制定了严格的监管政策，要划破草皮去种草是不允许的，只能通过免耕补播、混播来种草。问题在于，农区的林地、草地主要分布在山坡、沟壑、谷底等“三荒地”“四边地”“撂荒地”当中，不具备机械收草的条件，只能通过放牧牲畜来采食，但在严格封山禁牧政策下，牲畜不得随意进山，即便补播上牧草也没有利用价值。在这样的政策循环之下，广阔的林草资源基本处于静默的“原始状态”。在基层执法中如何提高生态资源的经济价值，如何让青山绿水变成金山银山，还有很多需要改进的地方。

另外，我们再辨析一组概念，即草原、草地、种植饲草的耕地三个概念之间的异同。从《中华人民共和国草原法》[②]的角度，将草原界定为天然草原和人工草地，其规范的重心依然在于天然牧区的生态、生产、生活协调发展。从自然资源的角度，自然资源部门将“草地”和耕地、林地、湿地等地类并列，而“种植饲草的耕地”依然属于“耕地”的范畴，不是国土资源中的“草地”。从草业科学的角度，人工栽培的草地可以是在耕地中，也可以是在草地、林地等其他农用地中，还包括天然草原上的人工建植，上述交叉重合被统一在“草地”的概念之中。至于我们的法律、政策当中究竟应该怎样使用上述名称，以确保饲草种植能统一统计口径以扩面增量，并与草食畜牧业高效匹配实现系统耦合，且在基层执法中不出现混乱，是需要进一步认真思考的问题。

---

① 自然资源部：《第三次全国国土调查主要数据公报》，https：//www.gov.cn/xinwen/2021-08/26/content_5633490.htm。

② 全国人民代表大会常务委员会：《中华人民共和国草原法》，https：//www.forestry.gov.cn/c/www/gklcfl/300097.jhtml。

五、"耕地种草"的成熟模式

目前，各地立足气候条件和资源禀赋，充分挖掘耕地、滩涂、草原、草山草坡、撂荒地、农闲田等各类土地资源潜力，因地制宜、分类施策，良种良法配套、农机农艺结合，探索形成了一批引草入田、粮草搭配、耕地种草和饲草产业发展的典型模式。各地的经验积累丰富多彩，难以穷尽，这里只简要列举三种具有代表性的模式和"草地+"的理念（表6-4），以及各自的优势和可能存在的一些缺陷。

表6-4 耕地种草的几种成熟模式及"草地+"理念①

	粮草轮作	粮草间作	混播建植	"草地+"
基本特征	同一田地上有顺序地轮换种植不同作物	不同作物按照空间、生育期等进行搭配以形成生态位互补	混合播种两种或两种以上作物，以豆禾混播、混贮最为常见	草地通过延长生物链来延长产业链和壮大价值链
典型模式	玉米与冬小麦、冬小麦与苜蓿、燕麦与向日葵	全株玉米与大豆、全株玉米与苜蓿、果—草—畜循环模式	燕麦与箭筈豌豆、白三叶与黑麦草	草地+家畜、草地+谷物、草地+林木、草地+旅游等

（一）粮草轮作

轮作是在同一田地上有顺序地轮换种植不同作物或轮换采用不同复种方式的种植模式，是农田用地和养地相结合、提高作物产量和改善农田生态环境的一项农业技术措施。粮草轮作就是将牧草与粮食作物在一定的地块、一定的年限内，按照规定好的顺序进行轮换种植，可以提高作物产量，增加饲草来源，提高土地利用率。各地探索出了不少粮食作物与优质饲草轮作的种植模式。东北、西北地区积极推广短生育期饲草，如燕麦和向日葵复种、燕麦和小麦复种等，实现"一季改两季"；华北、

① 南志标：《中国农区草业与食物安全研究》，科学出版社，2017，第1-9页。

西北地区探索的青贮玉米与冬小麦、冬小麦与苜蓿轮作等模式；青藏地区探索的青稞与箭筈豌豆复种、黑麦与燕麦轮作等种植模式；华南地区探索出了“黑麦草+”的模式，充分利用了冬闲田，为当地草食畜牧业的发展提供了有力支撑。粮草轮作的模式应该是当前最成熟，也是应用最广泛的一种种地养地、增粮增草的模式。

（二）粮草间作

间作是人工构建的作物复合群体，通过不同形态、生态型、生育期作物的合理搭配，形成不同时间、空间与生育期上的生态位互补，最大限度地提高作物群体对逆境胁迫的抗性和对光、肥、水、气、热等自然资源的有效利用，从而实现作物的丰产和稳产。所谓粮草间作或套种，就是粮食与饲草相互搭配形成的套间作系统。如近年来全国推广的玉米与大豆套种，华北地区的苜蓿与玉米套种，并进一步推动了全株玉米和大豆、苜蓿的青贮、混贮的商品化生产。再比如果园地区探索的果草套种和“果—草—畜”循环模式等。粮草套间作的模式，在传统小农经济时期是积累了丰富的经验的，但在现代大规模的农业生产中，其田间管理工艺的配套提升还需要继续探索和创新，以降低粮草等不同作物套间作带来的种植、施肥、收割等方面的成本。

（三）混播建植

混播是指人工建植草地时，混合播种两种或两种以上牧草，其中以豆科与禾本科混播、混贮最为常见。目前，国家鼓励在北方农牧交错带丘陵地区，建植高质量混播放牧饲草地，开展划区轮牧；在南方地区将产出效益低的天然草山草坡、低缓坡耕地和撂荒地改造成人工草地，种植多年生黑麦草、鸭茅、三叶草、臂形草、柱花草、狼尾草等多年生饲草品种，发展优质混播饲草生产。另外，黄土高原地区沟壑纵横、山谷众多、土地破碎，不适宜大型机械化操作，采取人工建植放牧型多年生混播牧草地，既可减少频繁耕作导致的水土流失，也将放牧家畜粪尿自然归田，增加土壤肥力。粮草等多种作物的混播，模仿了自然生态系统的多样性，应该是最符合“近自然”的发展理念的。但混播需要与混收、混贮等下游的生产工艺相衔接，且与动物养殖紧密结合，实现草畜一体、农牧结合、种养循环，真正为草食畜牧业的发展节本增效。

综上所述，“耕地种草”在实践领域已经探索出了许多成熟模式，很好地回答了“怎么种”的问题。任继周还提出了“草地+”的技术范式①，如草地+家畜、草地+谷物、草地+蔬菜、草地+果树、草地+棉花、草地+烟草、草地+林木、草地+体育和草地+旅游等目标产品，通过延长生物链来延长产业链和壮大价值链。所以，草地农业是草业与农林产业相结合、植物生产与动物生产相结合、物质生产与精神生产相结合、产品生产与流通生产相结合的农业系统，它是一个多层次的现代化综合农业系统。草地是农业现代化必要的战略枢纽。

六、结语

习近平总书记强调，“解决吃饭问题，不能光盯着有限的耕地，要把思路打开，树立大食物观。‘吃饭’不仅仅是消费粮食，肉蛋奶、果菜鱼、菌菇笋等样样都是美食”②。我国把粮食安全完全押在粮食作物上，既不经济也不现实。耕地不足、资源约束、收益低下、不可持续已经成为以谷物种植为主体的耕地农业的共识性挑战。而传统的农业观把粮食局限于谷物，把农业系统局限于单纯的种植业，把土地资源局限于占国土面积 11% 的耕地，其结果既加重了耕地负担，又因扩大耕地而“垦荒”，引起严重的生态问题。病态的粮食观导致了病态的农业系统，造成土地资源严重破坏的同时，也使农业陷于贫困之中。

“耕地种草”模式是一种将科技创新与伦理考量纳入农业活动的过程。一方面，粮草之间的轮作、间作、套作、复种、混种、混播、混收、混贮等方式，最大限度地模拟生态系统原有的多样性，在改土肥田、增

① 任继周：《〈中国草地生态保障与食物安全战略研究〉专著总序》，《草业科学》2016年第33卷第6期，第1019-1021页。

② 施芳、顾仲阳：《总书记的人民情怀“要树立大食物观”》，https：//baijiahao.baidu.com/s?id=1796900153179682814&wfr=spider&for=pc。

草增粮、减施节资、保护耕地等方面有重要的现实意义；另一方面，通过引草入田、粮草轮作等方式发展饲草产业的同时，大力发展草食畜牧业，使牛、羊、猪、禽等养殖业格局进一步优化，以多元化种植引导多元化养殖，进而推动大农业观和大食物观的演变，以此来降低谷物种植对土地等资源约束的巨大压力。以上两个方面共同构成草地农业生态系统的主体，既包含了多层级、多界面的农业科技，也囊括了多维度、多样性的农业伦理，展现出科学方法与哲学思想的融合。

第七章
饲草产业：县域商品草与草食畜牧业的伦理

一、引言：饲草产业的重要性

我国粮食安全的主要压力在饲料粮，饲料粮减量的一个重要渠道就是增加饲草供应。2016年，农业部在《全国种植业结构调整规划（2016—2020年）》[①]中首次使用“饲草作物”一词，构建粮、经、饲“三元”种植结构。2020年，国务院办公厅出台《关于促进畜牧业高质量发展的意见》[②]，提出要“健全饲草料供应体系”，“推进饲草料专业化生产”。2021年，农业农村部印发《“十四五”全国畜牧兽医行业发展规划》[③]，首次将“饲草”产业独立列为四个千亿级产业之一，并提到“商品草”的区域布局。2022年，农业农村部印发的《“十四五”全国饲草产业发展规划》[④]是首个国家层面的饲草产业规划，指出“加快建立规模化种植、标准化生产、产业化经营的现代饲草产业体系”。2022年，农业

---

① 农业农村部：《关于印发〈全国种植业结构调整规划（2016—2020年）〉的通知》，https：//www.gov.cn/xinwen/2016-04/28/content_5068722.htm。

② 国务院办公厅：《关于促进畜牧业高质量发展的意见》，https：//www.gov.cn/zhengce/content/2020-09/27/content_5547612.htm。

③ 农业农村部：《关于印发〈“十四五”全国畜牧兽医行业发展规划〉的通知》，https：//www.gov.cn/zhengce/zhengceku/2021-12/22/content_5663947.htm。

④ 中华人民共和国农业农村部：《“十四五”全国饲草产业发展规划》，http：//www.moa.gov.cn/nybgb/2022/202203/202204/t20220401_6395157.htm。

农村部印发《“十四五”奶业竞争力提升行动方案》[①]，指出要“增加优质饲草料供给”，继续强调“草业是奶业的第一车间”。国家层面如此高密度地出台文件以支持饲草产业发展、补齐草食畜牧业发展短板的现象实属罕见。

什么是“饲草产业”？与“商品草”有什么区别？官方文件并没有对优质饲草、商品饲草的概念进行界定，市场上最常见的商品草包括紫花苜蓿、青贮玉米、燕麦、羊草、多花黑麦草和狼尾草等品种[②]，其中紫花苜蓿、饲用燕麦、全株青贮玉米构成了当前饲草产业的市场主体。但在现实中，我国草食畜的饲草来源极为广泛，如天然草场、人工草地、林间草场、饲用作物、农作物秸秆以及农林副产品等[③]，其中作物秸秆、农林副产品、农户自种自用的乡土草等各类“非商品草”，恐怕才是我国草食畜的主要日粮，这也是我国“草食畜牧业”被称为“秸秆畜牧业”的原因。但这些“非商品草”并没有被计算在主流的饲草产业体系当中。饲草作为一个独立产业在我国起步很晚，2008年“三聚氰胺事件”之后，国家相继实施了草原生态保护补助奖励、粮改饲、振兴奶业苜蓿发展行动、优质苜蓿基地建设等政策，助推饲草产业现代化。但对上述政策在基层实施效果的评价，和在实践中多层次、多主体、多品类、多功能的理论体系与产业体系构建，还远远没有完成。

目前，我国在人均饮奶量偏低的情况下，仅用来满足乳业发展的优质饲草供给依然存在很大的缺口，遑论肉牛、肉羊等集约化养殖对商品饲草的巨量需求。在这种现实窘境下，国家层面的饲草产业政策突出重点、优先发展“商品草”，如主要针对规模化、集约化的新型经营主体，针对苜蓿、饲用燕麦、全株青贮玉米等关键品类，对饲草良繁体系、机

① 农业农村部：《关于印发〈“十四五”奶业竞争力提升行动方案〉的通知》，http：//www.moa.gov.cn/govpublic/xmsyj/202202/t20220222_6389242.htm。

② 高菲、王铁梅、卢欣石：《2021年我国商品饲草生产形势分析与2022年趋势展望》，《畜牧产业》2022年第3期，第32-37页。

③ 陈玲玲、玉柱、毛培胜等：《中国饲草产业发展概况及饲草料质量安全现状》，《饲料工业》2015年第36卷第5期，第56-60页。

械化加工体系、流通配送体系等进行优先支持，作为当前阶段的工作重心是完全可以理解的。于是，在国内的饲草产业中，形成了一种“商品草—奶牛养殖—乳品产业”的强关联关系，以至于人们误将“商品草”当成了“饲草产业”的代名词，误认为商品草的发展模式就是我国饲草产业现代化的唯一路径。

其实，商品草在我国整个饲草产业中的占比非常小，商品草种植面积仅占全国饲草种植总面积的6.8%[①]，即便是把所有具有商品属性且用来流通的饲草都计算在内，其供给量与我国草食畜牧业的全部需求相比，依然只是冰山一角。可以认为，我国饲草更多是以多样化的非商品形式，服务于不计其数的分散草食畜养殖主体。非商品草不论是总量占比，还是对草食畜牧业的贡献，以及吸纳社会劳动力和带动贫困农户发展方面，都占据着绝对优势，但经常被主流政策忽视，被误认为是落后的代名词。问题在于，我国当前的耕地政策和资源禀赋很难继续提升“草的商品率”，尤其是在某些自然与社会条件均不发达的贫困山区，可以将饲草产业内化为畜牧业的一个前置环节和准备阶段，从关注“草的商品率”转向关注“肉乳的商品率”，推动种养结合、农牧循环、草畜一体的深入发展。

本章基于对全国商品草产业的发展困境与系统相悖的文献研究，以及甘肃Z县的商品草与草食畜牧业的系统相悖的实证研究，指出饲草产业体系不光要鼓励商品草的发展，还要将非商品草的发展纳入关注视野。非商品草在补齐牛羊肉和奶类供给短板、增强粮食安全回旋余地、巩固拓展脱贫攻坚成果等方面具有重要意义，并认为自种自用、分散经营、绝不能把放牧管理统统视为“落后”，而是要致力于提高这些传统发展方式中的劳动生产率、科技贡献率、资源利用率等，以推动饲草产业和农村社会的同步现代化。本章从耕地、林地、草地的资源系统耦合，饲草、畜牧、加工的产业系统耦合，科技、政策、伦理的管理系统耦合等三个

① 李新一、尹晓飞、周晓丽等：《我国饲草产业高质量发展的对策和建议》，《草地学报》2020年第28卷第4期，第889-894页。

方面，勾画出更符合科学与伦理的草畜产业现代化图景。

二、我国商品草供给缺口、发展困境

（一）商品草的供给缺口与优先发展策略

《“十四五”全国饲草产业发展规划》是首个国家层面的饲草产业规划，指出2020年全国利用耕地（含草田轮作、农闲田）种植优质饲草近8000万亩，产量约7160万吨。该文件对我国饲草产业的组成做了划分：一是全株青贮玉米。自2015年粮改饲政策实施以来，中央财政累计投入144亿元，推动粮饲兼用玉米的全株收贮利用，完成面积1.14亿亩，收储优质饲草3.2亿吨[①]，深刻改变了我国草食牲畜的日粮结构。二是苜蓿等多年生牧草。2012年，国家启动“振兴奶业苜蓿发展行动”，推动“高产优质苜蓿示范建设”等大项目的落地，作为“牧草之王”的苜蓿扮演了中国草产业商品化、专业化的急先锋角色。2020年，全国优质高产苜蓿种植650万亩，产量340万吨，其他多年生饲草1000万亩，产量约800万吨。三是饲用燕麦等一年生牧草。2020年，全国饲用燕麦和多花黑麦草种植1000万亩，产量820万吨，其他一年生饲草1500万亩，产量约1200万吨[②]。

虽然饲草产能取得了突飞猛进的发展，但依然无法满足草食畜牧业的发展需要，饲草进口量保持着高速增长的态势。一是苜蓿干草进口，进口量在2021年到2022年达到顶峰，从2012年的44万吨，增长到2022年的179万吨，增长将近5倍，其中从美国进口140.2万吨，占进口量的78%。二是燕麦干草进口，进口量最高峰出现在2020年，达到33.47万吨，是2012年不足3万吨的10倍以上，进口几乎全部来自澳大利亚[③]。再

① 杨惠：《粮改饲成为优质饲料供应重要推手》，https：//szb.farmer.com.cn/2023/20230403/20230403_006/20230403_006_5.htm。

② 农业农村部：《“十四五”全国饲草产业发展规划》，http：//www.moa.gov.cn/nybgb/2022/202203/202204/t20220401_6395157.htm。

③ 中国海关：《统计月报》，http：//www.customs.gov.cn/customs/302249/zfxxgk/2799825/302274/302277/4899681/index.html，2023年。

从奶牛对优质商品草的需求端来看，2020年我国750万头的奶牛存栏，消费的优质商品苜蓿干草达到250万吨，其中国产苜蓿干草114万吨，仅占供应量的46.0%[①]，我国奶业安全严重依赖美国等苜蓿生产大国。饲草的对外依存度同样威胁着我国的粮食安全。

随着我国草食畜牧业集约化程度的持续提高，商品草刚需增长的势头不会逆转。从2015年到2020年，奶牛规模养殖比重从48.3%提高到67.2%，肉牛、肉羊规模养殖比重分别从27.8%、36.7%提升到29.6%、43.1%。2020年，我国人均牛肉和奶类消费量分别为6.3公斤、38.2公斤，只有世界平均水平的69%、33%，未来还有不小的增长空间[②]。要实现牛羊肉和奶源自给率分别保持在85%左右和70%以上的目标，对优质饲草的需求总量将超过1.2亿吨，尚有近5000万吨的缺口[③]。在商品草如此紧缺的供应状态下，《"十四五"全国饲草产业发展规划》指出："突出重点，统筹推进。优先发展全株青贮玉米、苜蓿、饲用燕麦等市场急需的优质饲草，兼顾其他饲草品种。优先保障奶牛养殖的优质饲草需求，逐步提高肉牛肉羊优质饲草饲喂比重。"其中，商品草、奶牛养殖被确定为"优先"策略，主次分明的发展思路是有现实依据的。

（二）商品草产业面临的资源约束与发展困境

我国饲草产业与国际发达水平的差距体现在很多方面，如良种支撑能力不强、机械化程度偏低、行业素质不高等[④]。本章聚焦产业面临的资

① 卢欣石：《苜蓿饲草产业发展的质与量问题》，《中国乳业》2021年第8期，第9-12页。

② 农业农村部：《"十四五"全国饲草产业发展规划》，http：//www.moa.gov.cn/nybgb/2022/202203/202204/t20220401_6395157.htm。

③ 农业农村部：《"十四五"全国饲草产业发展规划》，http：//www.moa.gov.cn/nybgb/2022/202203/202204/t20220401_6395157.htm。

④ 农业农村部：《农业农村部畜牧兽医局负责人就〈"十四五"全国饲草产业发展规划〉答记者问》，https：//www.gov.cn/zhengce/2022-03/01/content_5676206.htm。

源约束。在耕地“非农化”[①]、“非粮化”[②]的严格管控之下，国内主要的商品草产业集群不得不向农牧交错区的边际土地上转移。如甘肃河西走廊三大内流河流域、内蒙古呼和浩特与巴彦淖尔的黄灌区、宁夏银川与吴忠的黄灌区、鄂尔多斯高原与陕北榆林风沙区、内蒙古赤峰与通辽的科尔沁沙区、新疆荒漠绿洲种植区等地区，是国内社会资本投资商品草的主要区域，所用土地基本都是从乌兰布和沙漠、库布齐沙漠、毛乌素沙地、科尔沁沙地等荒漠边缘地带开垦而来，几乎均为风沙地、荒滩地、盐碱地、撂荒地等，土质低劣、水资源紧缺、产量低下。实质就是在农业区的边缘区域或废弃区域，采取比农作物更先进的节水技术、旱作技术、机械化技术、无害化管理技术等所取得的成绩[③]，因水、土等资源约束导致的产业不可持续风险极大。

以“中国草都”内蒙古阿鲁科尔沁旗为例，该旗位于内蒙古赤峰市最北边，地处科尔沁沙区边缘，原有天然草场植被覆盖率不足10%，草场退化严重。2008年之后，这里被确定为商品草产业的工业园区，大量抽取地下水用来规模化人工种草。2022年，笔者在该园区实地调研时，据当地官员介绍，园区占地面积约110万亩，优质饲草核心区70万亩，是全国集中连片种植商品草面积最大的地区。园区年产苜蓿、燕麦等优质干草65万吨，商品草产量占全国总量的1/5[④]。园区共引进国内外草业企业29家，其中上市公司4家，还有21家农牧民合作社、800余牧户参与种植。但相关气象资料显示，当地年平均降水量343.4毫米，且70%集中在6—8月，雨热同季、分布不均。地表水资源较为有限，地下水的过度

---

① 自然资源部、农业农村部、国家林业和草原局：《关于严格耕地用途管制有关问题的通知》，http：//gi.mnr.gov.cn/202112/t20211224_2715748.html。

② 国务院办公厅：《关于防止耕地“非粮化”稳定粮食生产的意见》，http：//www.fgs.moa.gov.cn/flfg/202107/t20210730_6373236.htm。

③ 卢欣石：《15年草业进步、15年草业未来——第四届(2016)中国草业大会发言材料》，《草原与草业》2016年第28卷第3期，第1-10页。

④ 肖璐：《“中国草都”是怎样炼成的》，https：//baijiahao. baidu. com/s? id=1771458452124816956&wfr=spider&for=pc。

开采已经导致水位明显下降。从2011年园区建成至今不过十余年时间。上述模式并非孤例，各地商品草基地建设的方法大同小异。如榆林北部的风沙草滩区、内蒙古巴彦淖尔盐碱地等，均靠抽取地下水来规模化种植饲草；“西部草都”甘肃定西有赖于黄河、洮河等流域的灌溉；河西走廊的商品草基地依靠石羊河、黑河、疏勒河等三大内流河形成的绿洲。“水”是“草”的紧箍咒，“以水定草、以草定畜”是自然法则。

卢欣石曾提出要“像种粮一样种苜蓿”[①]，杨富裕提出“饲草就是粮食”的理念[②]。因为优质商品草的生产，同样需要良好的土地和水热条件，需要像粮食作物一样精耕细作，才可能达到预期效益。但当前国内并没有形成上述发展环境：一方面是自然资源刚性约束，商品草用地和地下水开发已经很难有更大的空间，如阿鲁科尔沁旗草业园区面积很难继续扩大，限水政策已为企业亮起了红灯；另一方面是发展共识尚未形成，农户种植饲草的技术普遍很落后，各地政府对草畜产业的认知没有达到应有的高度。我国商品草产业要在上述资源约束、人文环境之下有实质性突破已经很难。我国商品草产业的发轫，从一开始就是在耕地资源红线和生态条件许可的夹缝中前行，目前只能在牧区“以草定畜”，最大限度地保护生态；在农区“以畜定草”，最大限度地节约耕地资源。

（三）商品草产业体系中的系统性相悖

2000年之前，中国的饲草长期处于小农经营、自种自用的状态，没有形成商品和产业。2000年之后，为适应时代发展要求，我国逐渐形成了具有一定思想深度、技术难度和系统高度的商品草产业体系。但整个产业体系中依然面临系统性的相悖问题，如标准相悖、区域相悖、供求

---

① 卢欣石：《中国苜蓿产业发展问题》，《中国草地学报》2013年第35卷第5期，第1-4页。

② 杨富裕：《树立“饲草就是粮食”理念，大力发展饲草产业》，《草地学报》2023年第31卷第2期，第311-313页。

相悖等，形成一系列的“相悖群”[①]，存在违背农业伦理系统耦合之法[②]的问题，阻碍了产业的良性持续发展。

一是我国商品草的发展环境与国际标准相悖。我国的资源禀赋与美国、澳大利亚等饲草强国存在实质性差别，国内大多数地区的自然条件与人文环境，很难支撑起现代草业专业化、集约化、标准化的生产方式。以国际标准来追求饲草的“商品化率”只能是我国饲草产业的表现形式之一，不必一刀切、一窝蜂地去缘木求鱼。在粮草争地矛盾突出、水热匹配度低、规模化种草用地不足等一系列现实问题面前，如何进一步盘活耕地以外的自然资源，并依据承载力来科学布局和持续发展，还需另辟蹊径。

二是商品草产区与草食畜养殖区的空间相悖。农耕区的畜牧业占比超过全国畜牧业总产值的80%[③]，但我国商品草产业集群区域基本不在农耕区，“千里运草”成为独特的行业现象。我国占80%以上的山壑丘陵区域是发展饲草和草食畜牧业的最佳区域，这些地区完全没有必要刻意追求饲草产业本身的独立性，而是应根据资源禀赋构建更加适合区域特色的“非商品草”发展体系，从空间上实现草畜一体、农牧结合、有机循环，从追求“草的商品化率”转向追求“肉奶的商品化率”。

三是我国饲草供应与草食畜牧业需要的供求相悖。目前，国内商品草产业所优先服务的奶牛养殖产业，只是整个草食畜牧业中附加值最高的金字塔尖部分，我国奶牛日粮配方中的苜蓿等优质蛋白饲草与发达国家水平相比还有很大差距。国内的肉牛、肉羊的养殖基本被排除在商品草的服务范围之外，而马、驴、骡、骆驼、兔、鹅、鱼等食草动物的日粮，均无法从商品草产业中得到补给。各地草食畜牧业的发展并没有依

① 任继周、朱兴运：《中国河西走廊草地农业的基本格局和它的系统相悖——草原退化的机理初探》，《草业学报》1995年第4卷第1期，第69–80页。

② 任继周：《中国农业伦理学概论》，中国农业出版社，2021，第259–281页。

③ 胡浩、郭利京：《农区畜牧业发展的环境制约及评价：基于江苏省的实证分析》，《农业技术经济》2011年第6期，第36–42页。

靠商品草产业，官方饲草产业发展规划与各地的现实需求呈现“两张皮”。优质饲草的供应严重不足，依然是当下整个草食畜牧业多元化发展的痼疾。

要对上述商品草产业中的系统相悖进行农业伦理上的评价，还是要回到草业科学当中去。钱学森先生最早提出“草业”一词，首次将其上升到产业的高度，与农业、林业、渔业等并列[①]。任继周将草业解释为草地农业，包括前植物生产层、植物生产层、动物生产层和后生物生产层[②]，是获取生态、经济和社会效益的综合性产业体系，并且与作物系统、林业系统之间进一步系统耦合，以形成大农业系统[③]，其广度和深度远超过了孤立看待饲草产业发展所带来的局限。通俗地讲，就是通过引草入田等藏粮于草战略[④]来推动种植业结构调整、养殖业结构调整，进而推动种植业与养殖业的系统耦合。系统耦合就是生态系统内部经过自由能、系统会聚、超循环系统的发育，产生新的更高级的生态系统，以达到持久、稳产、丰产的目的[⑤]。我国贫困山区发展草畜一体的系统耦合，就是科学与哲学的完美结合[⑥]。

按照农业伦理学中的系统耦合之法[⑦]，我国饲草产业出现的困境并不是饲草产业的哪一个环节、哪一个技术出了问题，而是一系列“相悖群”

---

① 任继周:《钱学森先生为草业科学开辟了一条新路——为祝贺钱学森九十华诞而作》,《草业科学》2002年第19卷第1期，第1-3页。

② 任继周、侯扶江:《草业科学框架纲要》,《草业学报》2004年第13卷第4期，第1-6页。

③ 任继周:《系统耦合在大农业中的战略意义》,《科学》1999年第51卷第6期，第12-14页。

④ 任继周:《藏粮于草施行草地农业系统——西部农业结构改革的一种设想》,《草业学报》2002年第11卷第1期，第1-3页。

⑤ 任继周、万长贵:《系统耦合与荒漠—绿洲草地农业系统——以祁连山—临泽剖面为例》,《草业学报》1994年第3卷第3期，第1-8页。

⑥ 赵安:《任继周院士农业伦理学思想探源——兼论草地农业与农业伦理之关联》,《兰州大学学报》(社会科学版) 2023年第5期，第1-12页。

⑦ 任继周:《中国农业伦理学概论》，中国农业出版社，2021，第259-281页。

累积造成的系统性相悖。很多业界同行已经认识到，我国饲草产业的发展进入了草地农业阶段，如张英俊阐述了饲草作物在农业产业结构调整中的作用[①]，卢欣石认为商品草已经进入为农业转型与粮食安全战略服务的第三次振兴阶段[②]。总之，从农业伦理的角度看，过去将农业产业割裂开来独自发展的模式都是不符合系统耦合之伦理标准的，过度强调饲草产业的独立性不再是发展草畜产业的现实路径。笔者认为，今天的饲草产业承担着促进种植业和养殖业产业结构调整，改善生态环境，提高生产效益，增加农民收入和乡村振兴等一系列功能，正在朝着大农业系统耦合的方向迈进。

三、商品草与草食畜牧业系统相悖的实证案例

本章采用案例分析的实证研究方法。笔者基于对甘肃省Z县长达10年的蹲点调研，对该县饲草产业体系的雏形和草食畜牧业的概况进行深度挖掘，通过一个县域的实证案例来验证本章的研究主题。在Z县的1个大案例之下又筛选了5个小案例，分层级对县域内代表性草畜经营主体进行描述分析，最后对饲草产业与草食畜牧业系统相悖的现状进行农业伦理评价。

（一）Z县草食畜牧业“秸秆+精料”的养殖模式

甘肃省Z县位于陕甘宁三省区交界处的农牧交错带，属于黄土高原沟壑区，平均海拔1456米，平均气温10.4 ℃，年均降水量589.1毫米，无霜期175天左右。全县辖13镇6乡，总户籍人口52.07万人。县内种植业以小麦、玉米等农作物为主，形成了以肉鸡、草畜、瓜菜、苹果、药材等为主导的农业产业格局。该县草食畜牧业历史悠久，肉牛、肉羊、驴、兔等养殖极为普遍。当地官方数据显示，2020年底，全县肉牛饲养量

---

① 张英俊：《饲草作物在农业产业结构调整中的作用》，《民主与科学》2017年第1期，第25-27页。

② 卢欣石：《15年草业进步、15年草业未来——第四届（2016）中国草业大会发言材料》，《草原与草业》2016年第28卷第3期，第1-10页。

29.21万头，肉羊饲养量120万只，驴饲养量2.9万头，兔饲养量200万只。下面通过该县肉牛养殖的一个小案例来看当地草食畜的养殖模式。

案例1：以肉牛养殖为代表的“秸秆+精料”模式

Z县最西部的三个乡镇是该县肉牛养殖集聚区，其中一个镇政府提供的资料显示，镇辖14个行政村，农业人口8546户32192人，总耕地面积14.4万亩，人均面积4.4亩。全镇肉牛养殖户为2943户，占全镇总农户的35%以上。5头牛养殖户达1024户，10头牛养殖户达164户，牛总存栏量达到24300头。存栏3000头以上的专业养牛村2个，存栏1000头以上的村5个，标准化养牛专业合作社12个。可见，该镇肉牛养殖以农户散养为主，呈现“小规模、大群体”的格局。

2022年，笔者来到该镇的一个肉牛养殖家庭农场，据农场主介绍，其牛场的日粮配方主要是“秸秆+精料”。一是秸秆组成，以小麦、玉米秸秆为主。农户每年种30亩玉米、5亩小麦，秸秆不够牛场饲用，还得从其他农户处购买，每头牛每年购买秸秆的成本在2000元左右。村里玉米种植户很多，自发搭建了“以粪换草”平台，养殖户可以用牛粪换种植户的秸秆，以促进小农户之间的种养结合。苜蓿等优质饲草成本太高，基本没有进入当地肉牛的日粮当中。二是精料组成，包括豆粕、麸皮、油渣、玉米粉等，还需要从饲料厂购买预混料进行粗加工，牛场小型搅拌机、传送机俱全，每头牛每年的精饲料成本在2000元以上，只作为秸秆的补充。这样，每头牛每年的饲草、饲料成本约为5000元。全年牛场存栏60头、出栏40头，饲喂成本约为50万元。每头牛的平均售价在2.5万元以上，销售额约为80万元。年度利润在30万元左右（不包括自家劳动力、机器折旧等其他成本）。

当地饲草结构与饲养方式科技含量较低，草食家畜日粮中作物秸秆比例过高，且完全没有经过青贮、黄贮等处理，营养价值和利用效率很低，降低了养殖效率，拉长了养殖周期。草食畜牧业成为名副其实的“秸秆畜牧业”。这种养殖方式给饲草产业发展带来了阻碍。

（二）Z县商品草产业链上的几个代表性经营主体

Z县官方对全县饲草产业的数据统计和体系构建还很不完善。2022年，笔者从县畜牧兽医、林草等主管单位了解到，全县紫花苜蓿留床面积33万亩，全株青贮玉米10万亩，甜高粱、燕麦草和其他一年生牧草10万亩，青贮饲草50万吨，苜蓿干草11.5万吨，麦草收储9.2万吨。根据这些碎片化数据，笔者找到当地的经纪人、种草人、草颗粒加工厂、国有草业公司等几个代表性经营主体，进行深入调研和多次回访，尝试勾勒出Z县饲草产业的雏形。

案例2：经纪人收购散户的苜蓿干草

笔者在某乡镇集市上，对一个专职收草11年的经纪人进行了访谈。他手机里存了数百个种草农户的信息，对周边乡镇的散户种草情况非常熟悉。据他介绍："当地少有人在塬区、川区的平整土地上种草，一般都是在沿沟、沿川的梯田或山坡上种苜蓿，交通极度不便，无法机械化耕作，没有年轻人去种，多是老弱妇孺打理。说是打理，其实就是在荒坡上撒些当地的苜蓿籽，生长周期至少十年时间，全然不用管理，每年收割2至3茬，靠天雨养，从不浇水和施肥。以前的收割主要靠人力刈割，青苜蓿太重，一个壮年劳力一天收不到一亩地，现在有一种背负式的小型收割机，边走边割，一天能收割4亩地，割倒之后就地晾晒3至4天，人工再打捆装车，拉回碾麦场里堆放和晾晒。"他说自己也在山区撂荒地里种了30多亩紫花苜蓿，但他的主要业务还是收草。他说："我的三轮车拉满需要凑够1吨，1200元每吨收进来，1400元每吨卖出去，每趟赚200元差价。"笔者重点关注了苜蓿干草的销路，据他介绍："当地的牛羊养殖户大多喂秸秆或者偷偷放牧，很少有人花钱买苜蓿干草喂牲口。山里种苜蓿的人家，也会养殖牛羊等家畜，自种自用不以出售为主要目的。所以货源越来越少，业务量在逐年萎缩。收购的苜蓿干草主要转卖给陕西、宁夏等地更大的经纪人，最后卖到奶牛场。"

案例3：草颗粒加工作坊的草源短缺

Z县实际运营的草产品加工企业只有一家，所谓加工厂不过是占地不足20亩的小作坊，一台粉碎机和一台压粒机，先将苜蓿干草打成粉末，再压制成2厘米左右的颗粒，有5个操作工人，都是当地的农民，车间里噪声和粉尘污染很严重。企业负责人向笔者介绍了该草业公司面临的两大生存难题：一是草源严重不足。加工颗粒的苜蓿干草主要是通过当地经纪人从农户手中收购，往年干苜蓿每吨1200元，全年收购量在2000多吨。当年干草价格涨到每吨1400元，依然没有货源，苜蓿已经收割了两茬，收购量还不到1000吨，不足往年同期的一半。二是销路极不稳定。当地规模养殖厂太少，散户很难形成购买力，企业在本地始终没有稳定的养殖客户，草颗粒只好远销到四川、内蒙古等地的反刍料饲料厂进行二次加工。该负责人粗略计算了收益：每吨草颗粒的销售价在1800元至2000元之间，如果每吨干苜蓿的成本以1400元计算，每吨的毛利约500元，再刨去人工、水电、运输等费用，每吨的纯利润不足200元，以每年生产1000吨草颗粒算，该草业公司的年利润约20万元。Z县种植苜蓿的历史悠久，但苜蓿干草附加值很低，没有形成现代产业。即便有个别经营主体做出延伸产业链的努力，当地市场的需求也很微弱，粗加工的产品需远销外地，与本地养殖业基本不发生关联。

案例4：政策支持之下的专业种草人

Z县畜牧兽医局向笔者提供了近年国家政策支持下的10个饲草项目建设单位，笔者在政府协助下来到一家小型草业公司的苜蓿种植基地。该公司的负责人原本在当地做家具生意，因政府实施“优质苜蓿基地建设”政策才开始专职种草。2022年，该草业公司连片种植紫花苜蓿1000亩左右，塬地和山区梯田兼有，基本实现机械化收割，每年3至4茬。企业负责人简要介绍了一下项目的成本和收益。一是收益。每亩地每年收割4茬的理想产量是1吨，但实际不到700千克，头茬产量占全年产量的60%，每过1个月收割1茬，从5月1日收割到国庆前后。塬区的草品质能达到一级标准，山区的会差一些。以当地苜蓿市场价2200元每吨计算，每亩地的收益在1500元左右。二是成本。苜蓿是多年生牧草，一次种下后不用耕地和播种，雨养农业区也完全不用灌溉，3年时间里只施过一次肥料，几乎没有农资和田间管理方面的成本。主要成本是每亩600元的地租和400元的收割机械费（每茬每亩100元），以及翻晒、打捆、运输、裹包等费用。每亩地的成本在1000元，纯利润在400元至500元之间，每年的规模利润可以达到40万元左右。另外，政府项目资金为该草业公司的农机购置、办公场所修建等给予了很大支持。关于苜蓿商品草的销售情况，该负责人表示“从来不怕销路，只是基本没有本地客户，干草大多运到500千米以外的宁夏奶牛场了”。

案例5：国有草业公司大规模青贮玉米收储

Z县政府为了提高肉牛、肉羊等草食畜牧业的集约化程度，组建了政府财政完全控股的国有肉牛、肉羊养殖企业，之后发现商品饲草的供应能力不足，于是又组建了国有草业公司，作为全县饲草产业的链主企业，提振当地发展现代化商品草产业的信心，支持县域牛羊养殖产业向集约化方向发展。该草业公司外聘了某上市乳业企业的创始人担任总经理，负责该草业公司的运营，并为当地商品草产业的发展出谋划策。该草业公司的主要业务就是在“粮改饲”政策支持下收储全株青贮玉米，确保县域内50家国有羊场、牛场的供草。每年8月至9月玉米成熟季，公司统一组织机器和人力开展全机械化收割和储藏。每年收割1万亩，完成2万吨青贮目标，其中压窖1.8万吨，裹包0.2万吨。公司优先收储周边10个乡镇的玉米种植大户、合作社，大型地块方便全机械化操作，Z县全县玉米年种植面积达到74万亩，饲用玉米也在10万亩以上，草业公司完成1万亩的收储任务应该不难。

一方面是成本分析。全株玉米收割费用以每吨570元计算，2万吨收割成本共计1140万元；两个月收割期的各类机械燃油费8万元左右；收割季雇佣10个临时性用工，以每天150元计算，两个月用工费9万元；添加菌剂（发酵剂、防腐剂等）6桶，每桶8000元，共计4.8万元；打包膜和压窖膜共8卷，每卷8000元，共计6.4万元；再加上8个管理人员，每人年薪以5万元计，共需40万元；全年向县内养殖场供草的运输费20万元左右。上述所有成本合计1228.2万元。

二是收益分析。该国有草业公司的青贮玉米产品不对外销售，2万吨青贮依然不能满足县域内国有养殖场的供草需求。2022年，每吨售价875元（低于市场价900元每吨），总销售额约为1750万元。除去上述已计算在内的成本，纯利润在500万元左右，还有“粮改饲”项目补贴63万元。该草业公司以服务全县国有养殖产业为宗旨，并不以营利为目的，营收覆盖运营成本即可。政府的价格指令并不是草业公司亏损的主要原因，草业公司按要求供草的下游国有养殖厂的持续性亏损，无法按计划及时回款，累计拖欠草业公司到期的应收账款超过2000万元。

2023年，笔者第三次去该草业公司调研时，全县的国有养殖企业大多面临破产清算，欠下该草业公司大量债务无法偿还；更重要的是，县域草食畜牧业的养殖规模化程度很低，对商品草的需求量很小，该草业公司除了供应国有养殖场之外，在当地并没有稳定的客户，草产品全部积压在仓库中，计划销往宁夏的奶牛场。

（三）案例评析：县域草畜产业的系统相悖

一是正视当地商品草与传统饲草体系的系统相悖。商品草在Z县完全是新生事物，其微弱的自由能积累不足以激发传统草畜系统的催化潜势，推动新的生态系统的演化。如该县社会资本投资的草颗粒加工厂、优质苜蓿基地建设扶持的专业种草人、粮改饲支持下的国有草业公司等，均是在政策支持下新生的商品草经营主体，试图以新的行业标准和产业模式来推动当地饲草产业体系的革新，但上游自然禀赋的局限、下游草食畜牧业的落后等多重原因，县域商品草的发展困难重重，有限的草产品均外流到其他地区，对当地的草食畜牧业、扶贫开发、经济发展的贡献极度微弱。

二是正视当地饲草供应与现代畜牧业的系统相悖。草地农业的基本结构是植物生产层与动物生产层的耦合，但囿于传统农业格局对草地农业理解不足、措施不力，导致两个生产层之间长期处于系统相悖状态。Z县的饲草供应若按照体量多寡来排序，应该是作物秸秆、天然草地、人工种草。首先，该县每年种植小麦50万亩、玉米74万亩、油料作物10万亩，产生的大量作物秸秆才是草食家畜的主粮；其次是天然草地，除了人工刈割饲喂或储存之外，主要的利用方式是养殖户的隐性放牧；再次是人工种草，养殖户以自种自用的饲草来搞草食畜养殖。当地草食家畜几乎陷于“精料+秸秆”模式无法摆脱，与现代草食畜牧业的发展目标相去甚远。

三是正视政府财政投入与社会资本参与的系统相悖。当地草畜系统中多主体、多功能、多稳定的潜势完全没有被激发出来，导致政府财政在引导产业发展上的方法和效率达不到预期。Z县迫切发展现代化养牛、养羊产业，在遭到饲草供应能力的掣肘后，痛下决心组建国有企业来担当链主，试图以此来提振整个产业链的信心。但有两点值得思考：首先，粮改饲、优质苜蓿基地建设等政策主要面向规模化种草、收草企业，对分散农牧户的种草、养殖支持不足，导致现代饲草产业中的技术集成缺乏导入社会的路径，技术推广和示范效果极不理想。其次，地方政府面对草畜产业落后的顽疾，以财政资金组建国有企业，直接参与产业发展和市场竞争的做法，与将同等规模资金补贴民间主体以引导社会资本参与相比，优劣参半。

在宏大的产业规划之下，最适合Z县县情且符合农业伦理标准的草畜产业模式应该是什么？该县草畜产业的问题丛生，牵涉甚广，涉及复杂的自然环境、社会经济、管理体制等方面，但关键问题在于种养结合不紧密、草畜系统不耦合。一是饲草生产方式，可以分散化、碎片化，见缝插针、因地制宜，优化种植业结构，并争取林地、草地等一切可以利用的自然资源和发展空间；二是草食畜养殖方式，通过乡土化、道地化、多样化的饲草品类，来丰富家畜日粮配方以提高动物福利，注重以种促养、以养带种，减少“千里运草”的怪象；三是草畜互作的耦合方式，创新更加科学与灵活的经营方式，如半饲半牧、划区轮牧，以实现真正意义上的草畜一体、种养结合，在保护生态的前提下为草食畜牧业降本增效；四是建立利益链接机制，让更多小农户参与到饲草产业和草食畜牧业发展的洪流当中，共担风险、共享红利。

四、结语

我们要求真务实地正视县域饲草产业与草食畜牧业之间的系统相悖，制定符合地方特色的发展规划。通过突出重点、优先发展商品草来推动饲草产业现代化的思路没有问题，但商品草只是饲草产业中占比很少的一种形式，要与各地丰富多样的“非商品”饲草形成互补。各地在制定草畜产业发展规划中，经常对“落后”与“先进”存在不少常识上的误解，如认为自种自用、农户散养、放牧管理等就是“落后”，而不惜成本追求集约养殖、贪大求洋、场面震撼等就是“先进”。这种认知不论是对养殖主体还是各级干部，都造成了极大的误导。本章鲜明地指出，落后的绝不是自种、散养、放牧等模式，而是上述模式中没有科学的种植、养殖、轮牧方法。所以，我们要在传统模式当中导入新的产业技术、经营体系、制度支持，使当地历史悠久的草食畜牧业登上现代化的快车，使更多小农户能充分参与到饲草、草食畜牧业等产业当中来，建立健全农牧户的利益链接与分配机制。而不是完全背离当地的自然禀赋与社会条件，一刀切地执行规模化种植、集约化养殖、全域封山禁牧政策，并将其视为“先进”。当然，我们在探索更加科学与符合伦理的饲草产业理论体系与市场体系的道路上依然任重道远。本章提出以下三点建议：

（一）耕地、林地、草地的资源系统耦合

农业之源在于“山水林田湖草”生命共同体的互作机理和系统耦合。在国家层面将自然资源划分为耕地、林地、草地等地类，将农业产业划分为作物、林业、草业等独立业态，是为了方便管理和规划。但在县域微观场域中，自然条件复杂多样，很难从理论上实现精准区分、分类对待，其结果就是耕地负担畸重、林草地负担畸轻。以Z县为代表的黄土高原地区，境内沟壑纵横、山谷众多、地块狭小、交通不便，耕地之外的其他区域更是山大沟深、水土流失严重，完全不具备规模化、集约化、专业化发展饲草的空间，也没有必要照搬国际标准来发展饲草产业，而是要统筹考虑水热资源、土地资源、种质资源，兼顾传统习俗、人口文

化、生产方式等因素，尤其是要推动耕地、林地、草地资源的系统耦合，按照草畜一体、主体多元、粮饲合理的方式，推进草畜产业深度融合。

（二）饲草、畜牧、加工的产业系统耦合

过度强调饲草产业的独立性必然会割裂草畜生态系统。草地农业的核心就是植物生产和动物生产的耦合，向前延伸到前植物的生态生产、向后延伸到后生物的加工服务，打通上下游、贯通产业链，实现一二三产业耦合形成大农业系统，这正是草地农业中包含的大生态观、大农业观、大食物观的精义。以Z县为代表的山区发展草畜产业的根本出路在于草地农业，通过山区混播种草、划区轮牧，做到草畜一体、种养结合、农牧循环，提升生产能力，提高生产效率，延长产业链条，以系统耦合促进生态生产力潜势的迸发。那么，追求饲草产业本身的独立属性就不是发展草畜产业的终极目的，生产牛羊肉和奶制品才是。

（三）科技、政策、伦理的管理系统耦合

农业系统是“自然—社会”耦合的“结构—功能”体系，农业系统要在人为调控下取得尽可能多的产出品，就要充分激发管理潜势，进而激发生态系统的耦合潜能，耦合程度越高，则生态生产力的效率就越高，对管理的要求就越简化。草畜产业是农业的一个部门或环节，对其科学管理的专业要求更高，需要科技、政策、伦理等多种方式的系统耦合。目前，草业科技容易局限于微观场景的技术突破，草业政策经常在宏观层面进行宏大叙事，而草业伦理恰好提供了一个“中观”视角，通过草地农业生态系统的管理，弥补了政策与科技的宏观与微观不足。尤其是农业伦理学“时、地、度、法”的“新自然观”，给农业科技与农业政策均提供了通往生态文明的密钥。当然，科技、政策、伦理的管理系统耦合还是一个全新的议题，需进一步深入挖掘。

第八章

饲料产业：工业饲料“质”“量”安全中的伦理①

一、引言：伦理学应关注饲料安全

畜牧业集约化首先是从饲料的工业化开始的。改革开放以来，饲料从原来的纯天然饲草、粮食转变为人工合成的配合饲料，饲料工业从无到有，始终保持着高速增长的态势。2022年，我国饲料总产量达到30223.4万吨，占全球饲料总产量12.66亿吨的23.87%，全国百万吨以上的饲料企业有36家，占全国饲料总产量的57.5%②，我国饲料总产量连续多年位居世界第一。同时，下游养殖业的集中度也继续提高，形成对散户养殖的市场挤出效应。这种饲料工业与养殖产业的基本格局，决定了饲料安全与畜产品安全的同一性。

为大众所熟知的饲料安全更多的是饲料粮安全。所谓饲料粮，就是指用于畜禽养殖的粮食，如玉米、大豆等。饲料粮以一定的技术配方加工之后就变成工业饲料或商品饲料。国内畜牧业高速发展，对工业饲料的需求增长过快，导致作为原料的饲料粮在数量上存在巨大缺口，因饲料粮对外依存度过高而导致粮食安全问题。相比于饲料粮在数量上的显

---

① 本章已全文刊登在《科学·经济·社会》（有改动）。赵安：《农业伦理视域下工业饲料“质”“量”安全问题研究》，《科学·经济·社会》2024年第42卷第6期，第42–53页。

② 农业农村部畜牧兽医局、中国饲料工业协会：《2022年全国饲料工业发展概况》，http：//www.chinafeed.org.cn/hyfx/hyfx_erji/202302/t20230214_418333.html。

性安全问题，工业饲料在质量上的安全问题较为隐性。饲料产品（包括饲料和饲料添加剂）在饲养动物体内形成的有毒、有害物质，会在畜产品中残留、蓄积和转移，进而对人体健康造成严重危害，对人类的生存环境产生负面影响。因此，在"同一个健康（One Health）"[①]的理念之下，饲料安全问题不仅关系到畜牧业发展，还关系到国计民生和公共卫生安全。人类的健康和动物的健康不再是两个独立的问题，饲料、动物、人类、环境的健康形成一个高度相关的整体。奥尔多·利奥波德在《沙乡年鉴》中曾指出："当一件事物可以促进生命共同体的完整、稳定和美丽，它就是正确的，反之就是错误的。"[②]

饲料是人的"间接粮食"，但因饲料距离人们的餐桌较远，其生产过程中的隐蔽性、长期性、复杂性，使社会大众对其关注度并不高。虽然法律对饲料质量、数量安全已经做了一些规定，但是其发挥的作用依然非常有限。规范人的行为对错的伦理学很少关注饲料、饲草、养殖过程中的安全问题，作为世界第一饲料生产大国和饲料安全事故时有发生的国家，这着实令人遗憾。饲料工业所面临的很多问题，"不是科学技术落后，也不是缺钱或劳动力，而是缺少正确的农业伦理观"[③]。农业伦理学涉足饲料、饲草安全是一个极其紧迫的研究课题，也是农业伦理学关注农业生产全过程的一个重要组成部分。

二、工业饲料的质量安全现状

（一）我国工业饲料的总量与组成结构

20世纪80年代之前，中国养殖界基本没有"营养"和"配方"的认知。改革开放之后，泰国正大集团进入中国市场，正式引入了动物营养

① 姜萍、姜秋月：《"One Health"理念的提出及其当代价值》，《自然辩证法通讯》2018年第6期，第17-22页。

②奥尔多·利奥波德：《沙乡年鉴》，侯文蕙译，吉林人民出版社，1997，第213页。

③ 刘晓倩：《任继周院士：农业须靠伦理学走出工业化歧途》，https：//ysg.ckcest.cn/ysgNews/1738429.html。

的概念，开启了中国饲料工业化的征程。1982年，邓小平同志曾表示“要把饲料作为工业来办”，此后中国饲料工业和畜牧养殖业得到了快速发展。2005年全国饲料总产量首次突破1亿吨，2015年突破2亿吨，2022年达到30223.4万吨，其中配合饲料产量28021.2万吨，占比92.7%，环比增长3.7%；浓缩饲料产量1426.2万吨，占比4.7%，环比下降8.1%；添加剂预混合饲料产量652.2万吨，占比2.6%，环比下降1.6%[①]。我国工业饲料总产量长期位居世界第一。

对工业饲料安全问题的研究，首先需要对工业饲料的组成成分有个大概了解，这是我们研究其“不安全”因素的前提。工业饲料的产品种类如果按照饲养对象划分，可以分为猪饲料、肉禽饲料、蛋禽饲料、水产饲料、宠物饲料、反刍饲料等。除了反刍饲料中饲草等粗饲料占比较大之外，其他种类的饲料基本都是精饲料。商品饲草完全没有被纳入工业饲料的统计范围。精饲料按照加工程度不同，又可分为预混料、浓缩料、配合料三大类，这是目前饲料工业中最常用的分类方法。预混料及其添加剂是饲料质量安全的重要环节，浓缩料、配合料是在预混料基础上添加蛋白、能量饲料，是饲料粮数量安全的重要环节。

（二）预混料、添加剂与饲料质量安全

预混料（全名叫添加剂预混合饲料）的成分主要包括维生素类、氨基酸类、微量元素类、矿物质类，也包含激素、抗生素、防腐剂等其他添加剂和稀释载体。预混料只占饲料成品的5%以下，却是饲料营养配方的核心组分，附加值最高，利润率位居饲料产品的最顶端，所以吸引了一大批市场主体进入。长期以来，由于竞争的无序和监管的缺位，预混料中饲料添加剂的使用极不规范，以及兽药的滥用等，都成为威胁饲料质量安全的关键因素。当然，饲料添加物不一定都是预混料的组成部分，但都作为添加剂对饲料质量造成威胁，所以本章将饲料添加物均归入此类。

① 农业农村部畜牧兽医局、中国饲料工业协会：《2022年全国饲料工业发展概况》，http：//www.chinafeed.org.cn/hyfx/hyfx_erji/202302/t20230214_418333.htm。

自2001年加入WTO以来，我国因饲料和农产品安全而引发的贸易争端不在少数，国内因“毒饲料”而造成健康事故的新闻时常见诸报端。如微量元素的过量使用，适当的微量元素是有利于动物健康成长的，但曾有质检数据显示，铜、铁、锌、砷等元素普遍超标，甚至出现过超过正常标准十倍的案例，严重破坏了人体的生理机能。再比如非法添加激素类药物，肾上腺素、性激素、精神类药品等危险激素类药物40多种，动物食用后可以通过嗜睡、猛吃等方式加速成熟和育肥，既要快速育肥又要抑制脂肪沉积，于是臭名昭著的“瘦肉精”被大剂量使用，以提高动物胴体的瘦肉率，这种恶性循环对人体健康造成巨大危害。还有非营养性添加剂的使用，如驱虫保健剂、饲料保存剂、着色调味剂、环境调理剂、加工改善剂等添加剂的滥用，都会在畜产品中积累和残留。

（三）浓缩料、配合料与饲料数量安全

浓缩料是在预混料的基础上添加了豆粕（植物源蛋白）、鱼粉（动物源蛋白）等蛋白质饲料之后的半成品，配合料则是在浓缩料的基础上再加入玉米、大麦等能量饲料，形成可以直接饲喂动物的最终产品。近年来，大豆、玉米等饲料用粮需求的快速增长，引发人们对粮食安全的担忧。尤其是大豆进口量从2002年以来一路飙升，于2020年突破1亿吨[①]。据统计[②]，2021年我国饲料粮用量达到3.95亿吨，占全国粮食消耗总量的48%；该年度我国进口粮食16453.9万吨，其中大豆9651.8万吨，占进口总量的58.6%。而国产大豆仅有1640万吨，大豆自给率仅为14.52%，只够满足人对豆制品的需求。又因近年来国际供应链不畅，豆粕价格上涨，危及畜产品供应。基于“玉米+豆粕”作为工业饲料的能量与蛋白质的优质组合在我国得到广泛应用，且在过去二十年间建立起了牢固的产业体系，新的蛋白来源的开发和畜禽养殖的适应性都不可能一蹴而就。

---

① 刘慧、乔金亮、吴浩：《大豆问题调查（经济日报8月11日第1版）》，http://www.moa.gov.cn/ztzl/ymksn/jjrbbd/202208/t20220811_6406760.htm，2022年8月11日。

② 《这十年　看三农——大食物观下看饲料粮保供（上）》，农视网，https://m.thepaper.cn/baijiahao_20413195。

寻求新的蛋白原料的步伐从来都没有停止，如动物源蛋白的不当应用，曾引发过大规模的传染病，尤其是在反刍饲料中使用动物来源的蛋白质，导致病原体交叉感染使病毒细胞变异，引发疯牛病、羊痒病、口蹄疫等威胁公共卫生安全的事件。近年来，新的替代方案不断涌现，如微生物菌体蛋白源，利用工业尾气中的一氧化碳，以氨水为氮源，经发酵和加工处理生成乙醇和菌体蛋白，实现工厂化条件下利用无机物大规模生产优质蛋白质原料。此外，转基因农作物的全球应用，人类通过转基因方式提升农作物产量，其未来对人体健康和生物安全的影响争论，至今没有定论。上述替代方案都受到极大的关注，但相应产生的安全问题、技术伦理等问题，却较少有人触及。

三、分析框架与研究方法

（一）分析框架

什么是“农业伦理”视角？笔者认为农业伦理是针对农业生产全过程的水土、环境、种植、养殖、加工、销售等全链条、各环节的道德与伦理问题，为相关的公共决策提供价值判断和程序规则，以促进负责任的农业创新和可持续的农业与食品生产。在农业伦理的概念出现之前，环境伦理、动物福利等分支领域已经得到了较快的发展，而农业伦理则是将上述涉农分支整合到农业生产全过程的理论体系。农业伦理以生态、种植、养殖、食物等四个生产层[①]，及时、地、度、法等四个维度[②]所组成的“农业伦理之网”的宏观视角，跳出线性的技术路线与思维方式，从整体性的宏观视角探索微观问题可能的解决方案。本章正是在上述农业伦理视角下，对饲料工业的质量、数量等局部的技术问题的哲学思考。

本章聚焦的饲料粮安全问题是在粮食安全的大背景下展开的。粮食

① 任继周、林慧龙、侯扶江：《农业层积之法的农业伦理学诠释》，《兰州大学学报》（社会科学版）2018年第4期，第1–7页。

② 任继周、林慧龙、胥刚：《中国农业伦理学的系统特征与多维结构刍议》，《伦理学研究》2015年第1期，第92–96页。

安全的本质在于饲料粮安全，而饲料粮安全取决于绝对数量、产品质量两个方面的安全，本章的研究逻辑遵循“粮食安全—饲料粮安全—饲料数量与质量安全”的递进关系。本章的分析框架则是从饲料的数量和质量两个方面展开，分别按照“饲料质量—养殖方式—动物福利”与“粮食数量—种植结构—种植伦理”这两条线来开展讨论，最终都汇聚到畜牧业高质量可持续发展的道路上来，即饲料工业的安全最终依然是为畜牧业安全和食物安全的总目标服务。其中，以动物福利为代表的养殖伦理已经较为成熟，而种植业是否涉及伦理问题的研究还很鲜见，多是从生态环境伦理的角度来批判农药、化肥的使用，本章则尝试以藏粮于草等种植业结构调整的视角为种植系统多样性提出一些评判标准。

这里绘制了一张分析框架图，以更直观地展示全文的研究逻辑和组成部分（见图8-1）。

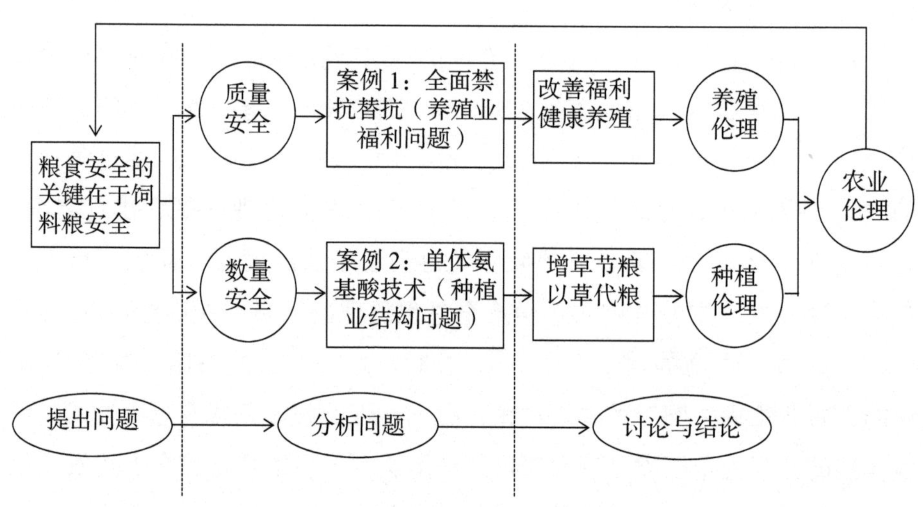

图8-1 研究逻辑和组成分析框架图

（二）研究方法

本章突出农业科技与伦理的交叉，以实地调研和案例研究为主。从工业饲料的数量、质量两个方面举例说明现有技术性解决方案的困境，尝试以农业伦理学的整体性与系统性视角，为饲料安全探索一些可行的解决方案。本章两个案例是基于笔者在北京市、河南省的两家饲料企业、养殖企业多次深入调研，以及甘肃省一些小型饲料厂、养殖厂、家庭农牧场调研的基础上，对当下农业科技手段解决饲料质量、数量安全问题过程中所出现的相关前沿方法的伦理思考。为了聚焦质量、数量两方面的饲料安全威胁，下面将从全面禁抗（添加剂）、豆粕减量（蛋白源）两个热门话题中，举例论证农业伦理对饲料安全的意义，尝试为畜牧业无抗化、福利化趋势进行注解，这是农业伦理与农业科技的正面交锋。

四、全面禁抗背景下的工业饲料“质量”安全

案例1：全面禁抗替抗

1.案例背景

长期以来，我国饲料中抗生素的添加普遍存在过量使用、盲目使用、配伍不当、缺乏规范等问题。其危害至少包括产生抗药性、导致药物残留、影响微生物平衡等，残留物通过畜产品被人体摄入，对人体健康造成很大危害。2020年以来，饲料添加剂领域施行“全面禁抗”（全面禁止添加抗生素）政策，外界将此举视为饲料安全保障的第一战。国家禁抗法令的设计不可谓不细致周密。2019年7月，农业农村部第194号公告要求饲料生产企业停止生产含有促生长类药物饲料添加剂（中药类除外）的商品饲料[①]。2019年12月，农业农村部第246号公告对部分商品饲料中允许使用抗球虫药物和中药制剂的情况进行了补充说明[②]。2020年6月，农业农村部第307号公告又对养殖者自配料不得添加规定范围以外的抗生素和兽药进行了说明，要求养殖者利用自有设施设备生产的自配料，仅供自有养殖动物使用，不得对外提供，不得以代加工、租赁设施设备以

① 农业农村部：《中华人民共和国农业农村部公告　第194号》，http：//www.xmsyj.moa.gov.cn/zcjd/201907/t20190710_6320678.htm。

② 农业农村部：《中华人民共和国农业农村部公告　第246号》，http：//www.xmsyj.moa.gov.cn/zcjd/201912/t20191226_6333971.htm。

及其他任何方式对外提供配制服务[①]。上述三个公告形成组合拳，分别从商品饲料禁抗、禁抗后的药物使用、自配料禁抗等方面做出相关规定，形成完整的饲料禁抗制度。

2.案例描述

笔者于2021年在北京郊区的某饲料与养殖企业开展调研，主要针对国家开展“全面禁抗”以来的实施效果。该企业预混料的年产量位居全国前列，在下游生猪养殖环节的布局规模位居全国前十，其“饲料+养殖”的经营模式在行业内具有很强的代表性。笔者对该企业生产一线的营养师和管理者进行了访谈。该企业技术部门的负责人是动物营养学博士，据他介绍：“抗生素在饲料添加剂中的适量应用，对动物细菌感染和疾病发生，有很好的预防作用，原本是有助于畜牧业发展的好事，但长期以来的监管缺失和滥用，已经对行业造成了极大危害。”（访谈编号：BJ202109-1）近年来，国家密集出台“全面禁抗”政策后，各类市场主体的应对之策层出不穷，但距离“无抗”的预期目标还有一定的差距。该技术负责人表示：“大型养殖企业也存在不少监管困境，如大型养殖企业往往都是饲料和养殖一条龙的生产模式，有专门的营养师和兽医团队，很难区分其对抗生素等兽药的使用是用于预防疾病、治疗疾病还是促生长。”（访谈编号：BJ202109-2）如果说大型饲料或养殖企业的抗生素使用有一定的隐蔽性，那么小型养殖户自配料更是监管缺失的重灾区。该技术人员表示：“因为小型养殖户并不全都通过市场购买商品饲料，而是自己购买设备和原料进行配制，自配料生产过程的隐蔽性，使其成为禁抗监管的死角，某些养殖户为了追求短期利益和降低疫病风险，大剂量使用抗生素的做法并没有得到很好遏制。”（访谈编号：BJ202109-3）他的上述言论，我们在后续中小饲料厂和养殖厂的调研中得到了验证。该企业的另一位养殖部门的工作人员表示：“饲料存在的问题不能只在饲料中找，如果当前超大规模、超高密度的养殖工艺、养殖方式不发生实质

① 农业农村部：《中华人民共和国农业农村部公告　第307号》，https：//www.gov.cn/zhengce/zhengceku/2020-06/17/content_5519856.htm。

性变化，饲养过程中的疫苗、兽药、抗生素等生物制品就很难有实质性减量。”（访谈编号：BJ202109-4）

3.案例分析

结合文献资料和实地调研，笔者发现禁抗法令在现实中普遍存在“按下一个葫芦，浮起多个瓢”的问题。随着监管的深化和行业的洗牌，商品饲料中抗生素的滥用问题得到了一定的控制，但这并不意味着其他环节都没有漏洞。以“禁抗”为代表的饲料质量安全治理工作，必然是一个缓慢的过程，也必然需要科技、法律、伦理等多种手段的参与。这个案例当中，我们看到饲料和养殖的复杂和隐秘，也看到法律在执行中的困境，以及道德伦理对于行业的重要意义。农业伦理学的“四维结构”包含“度之维”[①]，即人们在农业生产中能做什么、不能做什么、做到什么程度，无过无不及。这种适度就是最大的德行，超过了一定限度，就是不道德、非正义的。同时，饲料添加剂的滥用也触及一个更深层次的问题，就是动物福利。农业伦理学中“万物一体”的整体性视角告诉我们，饲料的问题不光是营养学的问题，兽药的问题不光是兽医学的问题，集约化养殖中出现的药物滥用、环境污染、食品安全等问题，虽然不是同一个层面的，但又绝不是孤立的，不能只在技术层面寻求解决，而要在整个养殖观念与工艺上进行思考。不改变动物福利状况，与之相伴的各种问题也难以根除[②]。长期以来对动物福利的漠视、畜产品安全监管的缺位、人畜共患病的公共卫生事件的发生等，均是我国畜牧业发展所面临的重大挑战。农业伦理学则尝试对饲料生产、畜禽养殖等各类市场主体进行“行有度”的启蒙教育，提醒从业者恪守这种限度和德行，实行无抗化、福利化的养殖。

① 任继周主编《中国农业伦理学导论》，中国农业出版社，2018，第129页。

② 包军：《动物福利与健康养殖》，《饲料工业》2012年第33卷第12期，第1-3页。

五、豆粕减量替代背景下工业饲料“数量”安全

案例2：单体氨基酸技术

1.案例背景

2020年，《国务院办公厅关于促进畜牧业高质量发展的意见》[①]提到“促进玉米、豆粕减量替代”；2021年，农业农村部印发《猪鸡饲料玉米豆粕减量替代技术方案》[②]等；2022年，中国饲料工业协会颁布的《生猪低蛋白低豆粕多元化日粮生产技术规范》团体标准，建立适合我国国情的低豆粕、低蛋白、多元化饲料配方，努力打造出具有中国特色的饲料蛋白体系；2022年9月，农业农村部公布了豆粕减量替代的3类技术模式和8家企业的典型案例[③]，其中有植物性蛋白替代原料，如棉籽粕、菜籽粕、花生粕、豌豆、红曲米酒糟等，也有动物性蛋白替代原料，如鱼粉、骨粉、血粉、羽毛粉、蚕蛹粉、黑水虻幼虫粉、黄粉虫粉和蝇蛆粉等；2023年，农业农村部办公厅印发了《饲用豆粕减量替代三年行动方案》的通知[④]。多个相关政策文件与行业标准的出台频率较高，相关动物营养方面的比对研究也数量庞大。本章只举一例，即单体氨基酸工业合成技术及其在豆粕减量替代中的应用，对可能涉及的农业科技与伦理问题，尝试进行一些粗浅的探讨。

2.案例描述

2021年，笔者在河南省某生猪养殖企业开展调研，该企业全部实行集约化楼房养猪模式，饲料来源主要依靠企业自产，基本实现上下游产

---

① 国务院办公厅：《国务院办公厅关于促进畜牧业高质量发展的意见》，https：//www.gov.cn/zhengce/content/2020-09/27/content_5547612.htm。

② 全国动物营养指导委员会：《猪鸡饲料玉米豆粕减量替代技术方案》，http：//www.moa.gov.cn/gk/nszd_1/2021/202104/t20210421_6366304.htm。

③ 农业农村部办公厅：《农业农村部办公厅关于公布饲料中豆粕减量替代典型案例的通知》，http：//www.moa.gov.cn/nybgb/2022/202210/202211/t20221114_6415344.htm。

④ 农业农村部办公厅：《农业农村部办公厅关于印发〈饲用豆粕减量替代三年行动方案〉的通知》，https：//www.gov.cn/zhengce/zhengceku/2023-04/14/content_5751409.htm。

业贯通，所以从该企业获得的饲料与养殖数据是比较可靠的。该企业技术部门的工作人员介绍：“该企业当年饲料中的豆粕用量占比仅为6.9%，比全国养殖行业工业饲料中豆粕平均用量的15.3%，低了8.4个百分点。”（访谈编号：HN202112-1）如果将豆粕用量由目前全行业的15%降低到10%左右，豆粕的消耗量可减少约2300万吨，折合大豆约3300万吨。那么该企业作为行业先行者，是如何做到豆粕减量的呢？据该企业的技术人员介绍，其中比较重要的一项技术就是单体氨基酸的体外工业合成技术。该企业在生产传统配合饲料的同时，还布局了某单品氨基酸工业合成生产线，通过外购一些其他单品氨基酸进行组合，生产出新的工业饲料，具体技术及配方暂时不对外公布。该项技术的原理在于，动物对豆粕、对蛋白质的需求实质上是对氨基酸的利用，因此，氨基酸的供给平衡被认为是减少蛋白质浪费的有效途径，利用工业手段生产各类氨基酸单品，再以理想比例进行组合添加到饲料当中，既可以减少豆粕使用量，还能减少氮的浪费[①]。在该理论的支持下，该生猪养殖企业的管理层宣称，其饲料配方将从“低豆”向“无豆”进发。（访谈编号：HN202112-2）

3.案例分析

目前以工业方法合成的单体氨基酸种类有限，只能提供动物必需的几种主要氨基酸，不可能穷尽动物需要的其他所有非必需氨基酸。更关键的是，单体氨基酸的种类、配比、剂量，与动物品种、生长阶段、生理特征，以及其他饲粮共同使用时，极度复杂而又动态多变的关系，是否能做到精准施策？追求精准营养的极致其实是个伪命题，营养科学不可能也没有必要去精准测算食物当中所有的营养成分或抗营养因子。试图以工业手段和大数据方式来替代自然的精密与复杂，恐怕是动物营养学的过度自信。由“低豆”到“无豆”来响应豆粕减量替代，未免有些矫枉过正。农业伦理学提出的“法之维”[②]，即尊重自然、回归自然。生

① 谯仕彦：《猪低蛋白质日粮研究与应用》，中国农业出版社，2019，第1-3页。

② 任继周主编《中国农业伦理学导论》，中国农业出版社，2018，第225页。

命体有其精密复杂的自组织系统，包括营养学在内的科学，更多的应该是认识生命和顺应规则，而不是通过什么软实力或硬实力来改造规则。任继周指出："人类没有能力创造自然系统，就像真理无法创造一样。"[①] 科学通过认识生命和自然，将生命的潜势和生态系统的潜势充分发挥出来，实现生态生产力的最大化，就是科学的极致。同时，饲料数量的绝对量不足，除了耕地资源等客观原因之外，还有更深层次的问题，即饲草、饲料的种植结构，猪禽、牛羊等的养殖结构性问题。所以，解决饲料粮的数量不足问题，不能仅仅局限于科技手段的推陈出新，还要在结构调整上下功夫。我国种植业结构、畜牧业结构的不合理，同样是危及粮食安全的重要原因。

六、种养方式转变解答饲料安全问题

农业的问题不光在于科技，更重要的是观念。农业伦理学是农业的哲学，农业伦理学尝试跳出细枝末节的技术困扰，从整个农业结构、生态系统等观念层面来审视农业在某些环节所面临的困境。美国农业伦理学代表人物保罗·汤普森指出："整体论认为生物学的错误，在于它从机械论角度仅依靠物理学和化学解释生命。"[②]美国著名草业科学家、农业伦理学家罗伯特·泽姆达尔指出，农业科学家固执地把科学研究和技术应用当作解决问题的唯一途径，把科学理性作为评判价值的唯一手段，他提出农业科学家必须反思，要引入更加公平、合理的社会价值[③]。工业饲料在数量和质量上的困境，不光是要在数量和质量上继续实现技术突破，更重要的是要看到我国农业整体存在的结构性、系统性问题。下面我们尝试从种植业伦理、养殖业伦理等方面，为饲料的数量不足、质量

① 刘晓倩：《任继周院士：农业须靠伦理学走出工业化歧途》，https：//ysg.ckcest.cn/ysgNews/1738429.html。

② Paul. B. Thompson，*The Spirite of the Soil*：*Agriculture and Environmental Ethics*.（London，NY：Routledge，1995），pp.118–119.

③ Robert L. Zimdahl，*Agriculture' s Ethical Horizon*（Pittsburgh：Academic Press，2012），p.3.

不高提供一种新的视角。

（一）通过种植业结构调整弥补饲料粮数量不足

开辟饲料蛋白源的方法除了工业合成氨基酸、人造蛋白等方式之外，还应该追求多样化的自然产品，如充分利用草山草坡、农闲田、盐碱地等可利用土地资源，因地制宜种植青贮玉米、紫花苜蓿等优质饲草。我国在谷物种植占主导地位的种植结构上催生了“粮猪模式”，即以猪、禽等耗粮养殖（饲喂玉米和大豆等作物籽粒及其产品）为主的畜牧业结构。与世界其他国家相比，猪肉在我国肉食结构中的比重畸高，而牛奶、牛肉、羊肉等草食畜牧产品在人均食物消费结构中的比例很低。基于草地农业提出的农业伦理学，就是将草食畜牧业导入传统农业和畜牧业系统，通过“牧草—牛羊”模式来改造“谷物—猪禽”模式，实现对传统农业结构、畜牧业结构的提升和优化。在人均口粮绝对安全之后，就不应该再制定过高的粮食生产目标[①]，超过这个界限就会发生饲料严重短缺而畜产品不足的问题，应该适时启动“藏粮于草”计划，发展“籽粒—营养体农业”，不仅要把错开垦的耕地退出来种草，而且要将部分粮田改为草地[②]。这不仅不会降低粮食产量，而且还会因系统耦合与生态生产力的释放，在粮食种植面积减少的情况下提高产量、保护环境，而多出来的牧草、饲料，则可以用来发展草食畜牧业，生产肉、蛋、奶等畜禽产品，增加动物性食物生产，改善国民膳食结构，使农业产值成倍增长。所以，基于草地农业的种植伦理，就是通过增草节粮、以草代粮，在发展饲草产业的同时大力发展草食畜牧业，使牛、羊、猪、禽等养殖业格局进一步优化，以多元化种植引导多元化养殖，进而推动大农业观和大食物观

---

① 任继周：《节粮型草地畜牧业大有可为》，《草业科学》2005年第22卷第7期，第1–8页。

② 任继周：《藏粮于草施行草地农业系统——西部农业结构改革的一种设想》，《草业学报》2002年第11卷第1期，第1–3页。

的演变。因此，农业伦理为饲料粮的数量安全提供了一个新的方向[①]。

（二）通过养殖方式转变来提高饲料质量与畜产品品质

没有添加剂就没有现在的饲料与食品工业。一方面，我们要继续开发自然、绿色、无污染、无残留的无害添加剂，如中草药的替抗产品。另一方面，我们要从畜禽养殖方式上下功夫，通过适度规模、半饲半牧等科学方式，通过提高动物福利来提升畜产品质量，而不是在饲料添加剂屡禁不止的道路上恶性循环。饲料添加剂与兽药的滥用，与当前的养殖业发展方式不无关系。在“动物机器观”的哲学指导下，农场动物实行“集中营”式集约化养殖，如利用人工授精加快动物繁殖速度，喂食激素刺激动物快速生长，毫无约束地大量使用抗生素与兽药，各种非自然、反自然的繁殖、养殖技术，造成畜产品不安全且威胁人类健康。另外，集约化畜牧业生产在有限的空间内圈养成千上万只单一的畜禽，将大量动物装在拥挤的车厢中长途运输并屠宰，严重损害了对自然生命内在价值的尊重。集约化养殖模式带来的种种伦理危机，迫使人们寻求新的解决方案。欧洲部分国家为了改善动物福利状况，开始严格畜禽养殖布局规划，倡导农牧结合的生产模式[②]。要避免过度规模化，以改善畜禽养殖环境，提升农场动物福利水平，减少添加剂滥用对畜产品质量的影响，促进畜牧业健康可持续发展[③]。我国畜牧业应该借鉴发达国家的先进理念，合理布局畜牧产业，发展适度规模经营，严格控制畜禽养殖规模。在此基础上，积极探索农牧结合、以农养牧、以牧促农的新形式，发挥种植业与养殖业的互补优势，为养殖业提供安全营养的饲料原料，确保

① 赵安、范玉兵：《在草业科学专业开展农业伦理教学的特殊性研究——“任继周草地农业学术思想研讨会”之“农业伦理教学研讨会”侧记》，《科学·经济·社会》2023年第41卷第6期，第9-14页。

② 常纪文：《从欧盟立法看动物福利法的独立性》，《环球法律评论》2006年第3期，第343-351页。

③ 熊慧、王明利：《欧美发达国家发展农场动物福利的实践及其对中国的启示——基于畜牧业高质量发展视角》，《世界农业》2020年第12期，第22-29页。

产业链的健康发展和种养业综合效益的提升[①]。

七、结语

农业伦理学的兴起是人类对农业发展不断反思、不断觉醒的产物，是实现农业可持续发展的内在要求，也是重新调整人类与自然关系的一种新手段。本章并未沿着既有的技术路径寻求解决饲料安全问题的科技手段，而是跳出以往就数量说数量、就质量说质量的线性思维方式，从农业伦理、农业结构等宏观视角探索微观问题可能的解决方案。如通过调整种植业结构来弥补饲料粮数量的不足，通过改变养殖方式来提高饲料质量与畜产品品质。农业伦理不是科学技术，但能帮助我们跳出问题看问题。饲料安全是一个系统工程，需要农业与食物领域的科学、伦理、法律等研究与实践形成合力。

一是推动农业伦理在饲料安全生产等农业专业当中的应用。任继周于2014年在兰州大学开设农业伦理学系列讲座，并主编了《中国农业伦理学概论》等教材，最早系统提出农业伦理理论并推动教学实践。他立足于继承和发扬中国数千年积累的农业伦理智慧，着眼于解决后工业社会面临的危机，推动农业向绿色、可持续、生态文明方向转型。建议将农业伦理学、动物福利等课程，作为饲料加工、动物营养、畜牧兽医等涉农专业学生的必修课，作为政府部门、饲料企业、养殖户、经销商等相关人员的科普读物，既要从技术的源头正本清源，又要在社会各界广泛宣传，形成饲料安全与食物安全的基本共识。

二是加强饲料饲草安全、动物伦理等领域的科学立法与执法。我国在饲料工业领域的立法起步较晚，国务院在1999年颁布的《饲料和饲料添加剂管理条例》是首个规范饲料原料、饲料添加剂的行政管理条例。随后，农业部发布了《饲料原料目录》和《饲料添加剂品种目录》，至今经过了多次修订。而动物福利的立法和世界发达国家的差距较大，深层

① 顾宪红：《动物福利和畜禽健康养殖概述》，《家畜生态学报》2011年第6期，第1–5页。

次的价值分歧较多，需要创新宣传方式和推动共识的形成。建议尽快将饲料饲草安全、动物福利等立法提上日程，在饲草料添加剂、动物源性饲料、青贮饲料安全评估、饲草储存运输进出口、动物养殖密度、动物运输屠宰等领域持续发力，以完善相关立法和执法体系，为食物安全保驾护航。

第九章

生猪养殖：传统养猪与工厂养猪互鉴的伦理

一、引言：重塑养殖伦理的必要性

生猪产业是我国畜牧业的主导产业，约占我国畜牧业产值的60%，约占世界养猪规模的50%，长期雄踞世界总量第一的位置。过去，中国传统的小农家庭养猪模式长期被视为粗放和落后的，呈逐步退出的趋势。改革开放之后，引进了西方的配合饲料工业、工厂化养殖、兽药疫苗等生物科技，彻底颠覆了传统养殖模式与农业观念，极大地提高了养殖业的效率和产出。但与高效率相伴的是高成本、高消耗、高污染，以及畜产品安全与人畜公共卫生等问题的接踵而至，工厂养猪、楼房养猪等模式对食品安全、粮食安全、生态安全等产生巨大影响。21世纪伊始，国内又有学者引入西方动物福利、动物权利等哲学思潮和法律制度，来批判集约化、工业化养殖的种种弊端。

于是在养殖伦理方面出现了这样的一个怪象：我们先是引进西方的工厂养猪来批判中国传统养殖的落后，接着又引进西方动物福利来批判我们已经引入的西方工厂养猪的问题，接着传统放牧散养被贴上生态、有机、绿色、循环等标签重新崛起。一时间，养殖方式中所凸显出的传统与现代、落后与先进、科技与伦理之间的激烈冲突，令人应接不暇。如果不能很好地梳理清楚传统养猪、工厂养猪、动物福利、生态健康养猪之间的理念变迁和内在逻辑，则很难形成顺畅的理论体系与产业体系来为养猪产业乃至整个畜牧业的未来提供建设性建议。我国传统养殖伦理挖掘不足，西方动物福利传播受阻，导致中西互鉴不充分，没能形成贯通古今、包罗中西的养殖伦理观。本章以生猪养殖产业为例，以现代农业伦理的视角，提出“生态健康养猪”的伦理观，为我国畜牧业供给侧改革和转型升级，保障粮食安全、食品安全、生态安全的公共目标，提供某种解决方案。

二、文献综述与分析框架

（一）文献综述

中国畜牧史的拓荒者张仲葛[①]早在1986年就编写过《中国畜牧史料集》，谢成侠[②]、王成[③]、顾胜楠[④]等学者对中国畜牧史进行了综述性的研究。就养猪史而言，张仲葛最早对中国养猪史进行了系统研究，旨在“了解过去、理解现在和预测未来”[⑤]。我国草业科学奠基人任继周[⑥]院士早年也对草原放牧和养猪问题进行过讨论。游修龄[⑦]指出，回顾中国养猪的发展脉络，有助于研究制定更为全面的、长期的、质量并重的规划。徐旺生[⑧]所著的《中国养猪史》，从原始社会、农业社会、现代社会等不

① 张仲葛、朱先煌：《中国畜牧史料集》，科学出版社，1986，第10–12页。

② 谢成侠、孙玉民：《关于中国畜牧史研究的若干问题》，《古今农业》1992年第4期，第1–7页。

③ 王成：《“中国畜牧史”研究亟待发展》，《中国畜牧杂志》1998年第34卷第5期，第50–51页。

④ 顾胜楠、李群：《中国古代畜牧业研究综述》，《古今农业》2019年第1期，第113–120页。

⑤ 张仲葛、朱先煌：《中国畜牧史料集》，科学出版社，1986，第10–12页。

⑥ 任继周：《草原放牧养猪问题之初步探讨》，《中国兽医杂志》1963年第6期，第17–20页。

⑦ 游修龄：《说猪——写在〈中国养猪史〉出版之际》，《古今农业》2009年第3期，第110–114页。

⑧ 徐旺生：《中国养猪史》，中国农业出版社，2009，第176–187页。

同阶段，对国内养猪历史与社会进行了系统总结。袁靖[①]、吕鹏[②]从动物考古的角度，出版了研究猪的历史的系统论著。还有学者从儒家、道家、佛学的关怀仁爱等角度挖掘中国传统的动物养殖伦理。回顾中国养猪史，对今天我国生猪产业的转型升级有重要的现实意义，如张仲葛[③]指出："单就我国畜牧业的科技遗产及农牧民的现有经验来看，虽然有些在形式上表现得有点落后，但在经验、技术和因地制宜等方面，都是含有宝贵的科学道理的，是大可作为畜牧业现代化的物质基础、技术起点或科学前鉴的。"

新世纪以来，国内规模化养猪的蓬勃发展遭遇一系列挑战，开始出现不少介绍西方动物福利的文献资料，如陆承平于1999年主编的《动物保护概论》，包军于2008年主编的教材《家畜行为学》，推动了中国动物福利相关知识的教育。严火其[④]、姜冰[⑤]、王明利[⑥]等人，对西方动物福利的理念进行了系统介绍，指出未来畜牧业发展方向的现实启示。王常伟和顾海英[⑦]从消费者支付意愿层面对农场动物福利的经济属性进行了检

① 袁靖：《动物寻古——在生肖中发现中国》，广西师范大学出版社，2023，第357-387页。

② 吕鹏：《有豕白蹢：中国古代家猪的考古研究》，大象出版社，2024，第142-146页。

③ 昝维廉、张仲葛：《试论我国畜牧史的研究与畜牧业的现代化》，《农业考古》1981年第1期，第91页。

④ 张敏、严火其：《从动物福利、动物权利到动物关怀——美国动物福利观念的演变研究》，《自然辩证法研究》2018年第34卷第9期，第63-68页。

⑤ 姜冰、康祎梅、崔力航等：《农场动物福利的历史演进、价值审思与现实启示》，《农业现代化研究》2022年第43卷第6期，第958-970页。

⑥ 熊慧、王明利：《欧美发达国家发展农场动物福利的实践及其对中国的启示——基于畜牧业高质量发展视角》，《世界农业》2020年第12期，第22-29页。

⑦ 王常伟、顾海英：《基于消费者层面的农场动物福利经济属性之检验：情感直觉或肉质关联？》，《管理世界》2014年第7期，第67-82页。

验。姚敏[①]、段辉娜[②]等人从国际贸易视角，对我国出口贸易的“道德壁垒”进行了研究。常纪文[③]、曹明德[④]等人对动物福利的立法与动物权利的法律保护进行了研究。伍佰鑫[⑤]、万熙卿[⑥]等人对中国养猪产业实践中的福利问题进行了研究。尤其是包军[⑦]、顾宪红[⑧]等畜牧科学家，结合中西方的养殖经验，探索更加适合中国国情的健康养殖模式，为本章从农业伦理视角提炼新时期的养殖伦理提供了重要参考。结合中国历史积淀，借鉴西方发展理念，凝练适合国情的现代化养猪伦理，依然是当前生猪产业的当务之急。

（二）分析框架

通过对上述文献资料的查阅，本章将我国养猪业的发展阶段粗略划分为原始时期、农业时期、工业时期和后工业时期四个阶段。如图9-1所示。

---

① 姚敏、邓春燕：《国际贸易中的动物福利问题及对我国出口贸易的影响》，《国际贸易问题》2004年第7期，第36-40页。

② 段辉娜、王巾英：《我国畜产品出口中的动物福利壁垒探析》，《中央财经大学学报》2007年第3期，第76-80页。

③ 常纪文：《动物福利与动物权利之法学辨析》，《昆明理工大学学报》（社会科学版）2007年第7卷第7期，第6-8页。

④ 曹明德、刘明明：《对动物福利立法的思考》，《暨南学报》（哲学社会科学版）2010年第1期，第41-46页。

⑤ 伍佰鑫、傅胜才、彭英林等：《基于动物福利的中国猪业发展史》，《饲养饲料》2018年第1期，第31-39页。

⑥ 万熙卿：《关于福利养猪理念与实践若干问题的浅析》，《养猪》2015年第1期，第81-86页。

⑦ 包军：《中国畜牧业的“动物福利”》，《农学学报》2018年第8卷第1期，第179-185页。

⑧ 顾宪红：《动物福利和畜禽健康养殖概述》，《家畜生态学报》2011年第6期，第1-5页。

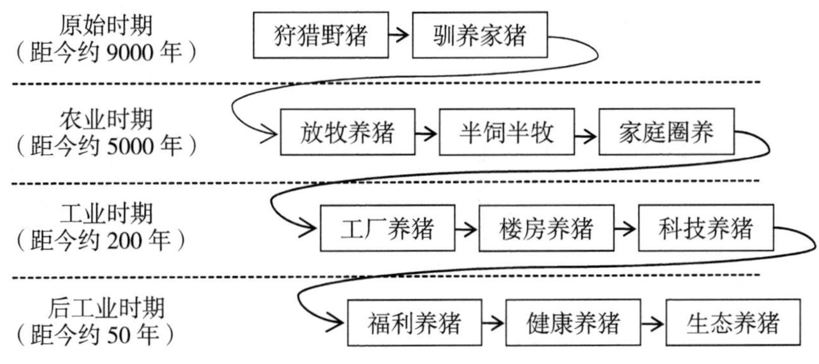

图9-1 人类养猪史的几个主要阶段

距今约9000年前，原始人类以狩猎野猪为主，并尝试驯养野猪幼崽为家猪，开始走上人猪共生的道路。从距今约5000年的农业时期开始，经历了放牧养猪、半饲半牧养猪、家庭圈养等模式，后来在儒家仁爱、节制等思想影响下，由自由放牧演变到家庭圈养。工业时期，西方发达国家率先开始养殖业的集约化、规模化生产，使科学技术在养猪业中得到了充分应用，以工业化思维养猪，直到工厂养猪、楼房养猪的完成状态。

我们将按照工业思维，大规模、高密度、流水线式的养猪厂称为工厂养猪，工厂养猪的问题不单在于规模大，更在于没有充分尊重动物的天性、遵循生命的特征，忽视动物福利，一味追求经济效益和短期目标，产生了食品安全、环境污染、公共卫生等一系列问题。后工业化时期，人们对工厂养殖带来的问题进行反思，出现了福利养猪、生态养猪、健康养猪等概念。上述每个历史阶段，养猪业的发展方式是其所处时代生产力水平、文明与伦理的一种反映。

本章的技术路线是按照上述养猪业的发展脉络，以中西方养殖伦理观的交锋为出发点，对中国传统养猪业的发展理念进行梳理和挖掘，对西方动物福利养猪业的理念进行总结和反思，双方对比、互鉴，最终走向交融、互补。技术路线如图9-2所示。

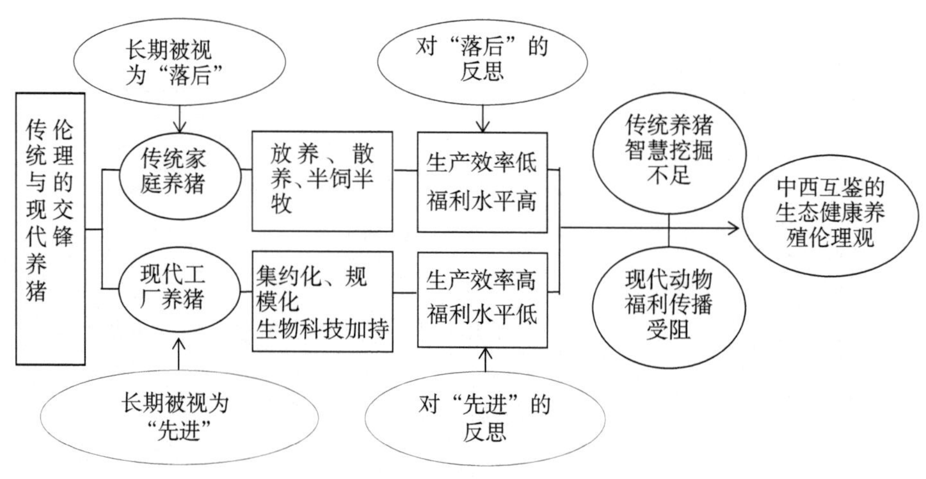

图9-2 技术路线图

针对中国现代畜牧业伦理理念缺失的问题，本章提出了传统与现代养猪伦理交锋的研究问题，以此为起点对中国传统家庭养猪和现代工厂养猪两种模式展开比对，尤其是对长期被视为“落后”的放牧养殖、被视为“先进”的工厂养殖，展开伦理视角下的现代化反思，指出传统养殖虽然生产效率低，但福利水平高，而工厂养猪虽然极大提高了生产效率，但福利水平低，威胁公共健康。本章针对传统养猪智慧挖掘不足、现代动物福利传播受阻的行业现象，在现代农业伦理视角下，提出中西互鉴的生态健康养猪新伦理。

三、中国传统养猪史中的放牧与半牧半饲

猪起源于森林草原及多山草原。不同生产力阶段，猪与人类的生存方式表现出不同的状态，呈现出协同进化的关系。回顾人类养猪的历史，一定会对今天的生猪产业现状产生很多有益的思考。

（一）秦汉及早期放牧养猪阶段

史前原始草地农业时期，没有文字资料的记载，只能从考古中寻求佐证。在9000年前至3000年前的新石器时期，我国多地考古发现的有关

养猪的文物非常丰富[①]。文明时期以来，出现了与猪有关的文字记载，这是早期猪的形象、饲养方式、饲料来源等的可靠证据[②]。如汉字当中的“家”，《说文》的解释“豕居之圈曰家”，似乎揭示的就是远古人类有猪才有家、无猪不成家的含义。上古造字者造汉字“逐”，其意为一豕在前，一足在后，表示追杀野猪。《山海经·北次三经》所载“彘身而载玉”“彘身而八足”，《诗经·小雅·渐渐之石》说“有豕白蹢，烝涉波矣”，应该是有关猪作为图腾的记载。《越绝书》说“鸡山、豕山，勾践以畜鸡、豕，将伐吴以食士”，展现了越国在山上养猪、养鸡储备战略物资的场景。《孟子·尽心上》曰“五母鸡，二母彘，无失其时，老者足以无失肉矣”，呈现了“五鸡二彘”的家庭养殖现象。

猪的放牧养殖和杂食习性，在汉代的文献中已经有不少记载。《史记·货殖列传》中有记载：“陆地牧马二百蹄，牛蹄角千，千足羊，泽中千足彘，水居千石鱼陂……此其人皆与千户侯等。”[③]《史记·平津侯主父列传第五十二》，汉武帝宰相公孙弘“家贫，牧豕海上”[④]。《后汉书·列传第二十五》，吴祐“常牧豕于长垣泽中，行吟经书”；《后汉书·列传第六十九》中记载，孙期“家贫，事母至孝，牧豕于大泽中，以奉养焉”；《后汉书·列传第七十三》中记载，梁鸿“学毕乃牧豕于上林苑中”[⑤]。后世有成语“牧豕听经”，指一面放猪一面听讲，喻指求学努力。今人养猪惯于舍饲，以致人们逐渐遗忘了猪也有牧放的习惯。现存最早的农书《氾胜之书》的“种瓠法”说“破以为瓢，其中白肤以养猪

---

① 郭锡铎：《我国古代养猪文献与出土文物》，《肉类工业》2007年第8期，第44-48页。

② 徐旺生：《夏商周时期的养猪业》，《猪业科学》2010年第7期，第108-110页。

③ 司马迁：《史记》，中华书局，1999，第2528页。

④ 司马迁：《史记》，中华书局，1999，第2253页。

⑤ 范晔：《后汉书》，中华书局，1999，第1419-1868页。

致肥”，是说用葫芦瓤做饲料[①]。猪在放牧过程中，牧食植物的种子、果实、茎叶等地上部分，拱食泥土当中的块根、昆虫、鼠类等，体现了猪的杂食性。综上所述，猪的分布广泛、品种多样、食源丰富，这应该是早期养猪的基本特性。

（二）秦汉之后放牧与舍饲相结合的阶段

早在良渚文化的新石器时代就诞生了“粮猪系统”，秦汉以后，耕地农业逐渐确立，种植谷物在中原地区逐渐普及并向周边推广，“粮猪模式”得到巩固和发展。以种植业为主、养殖家畜为辅的农业结构，成为后来几千年农耕文明的基本形式。成书于北魏时期的《齐民要术》中关于养猪的记载“春夏草生，随时放牧，糟糠之属，当日别与。八、九、十月放而不饲；所有糟糠，则蓄待穷冬春初”[②]，展现了当时放牧和舍饲相结合的养猪方式。《新唐书·卢杞传》中记载“卢杞为虢州（河南灵宝）刺史……虢有官豕三千为民患”，“官豕三千”足见当时官办养猪业的规模。宋代《东京梦华录》记述了北宋末年京都（开封），“每日至晚，每群万数，止十数人驱逐，无有乱行者”，说明当时养猪业的盛况和城市对猪肉的需求。明清以后，人地关系紧张，关于舍饲养猪的记载逐渐增多。明代徐光启在《农政全书·牧养》中所总结的养猪法是：“猪多，总设一大圈，细分为小圈，每小圈止容一猪，使不得闹转，则易长也”，这恐怕是现代工厂养猪中的“限位栏”的鼻祖了。清代相关文献中有“猪应设圈，不得野放”的说法[③]，或因人口稠密，免生邻衅，出现了养猪不可野放的记载。

农耕时期养猪所用饲料的记载也极为丰富。《齐民要术》记载：“猪性甚便水生之草，耙耧水藻等令近岸，猪则食之，皆肥。”宋代陆佃所著《埤雅》中提到，“养猪凡占山皆用橡实，或食药苗，谓之山猪，其

① 王永厚：《中国养猪业及其文献资源巡礼》，《农业图书情报学刊》2007年第19卷第1期，第46-49页。

② 贾思勰：《齐民要术》，中国书店出版社，2017，第148页。

③ 徐旺生：《明清时期的养猪业》，《猪业科学》2010年第12期，第108-110页。

肉为上”，将马齿苋等“用之铡切，以泔糟等水浸于大槛中，令酸黄，或拌麸糠杂饲之，特为省力，易得肥月盾”，这是青粗饲料、发酵饲料喂猪的记载。元代王祯所著《农书》中有关猪饲料的记载：“江南水地多湖泊，取萍藻及近水诸物，可以饲之。”地方志当中的记载则更多，如广州《番禺续志》载：“当地养猪，均以煮熟番薯、番瓜、红苋菜等和糟饲之，故其肉肥美。”广西《北流县志》和《郁林郡志》有记载：“豕用薯、芋苗和米麦糠等饲之，大者可至二三百斤。”与猪饲料有关的农谚更是不胜枚举，如“猪草磨成粉，养猪不亏本”“猪草切得细，如同加白米”“猪吃百样草，只怕懒汉不去找”“常喂花草，畜病减少”“南瓜喂几筐，猪毛亮又光”等[①]，充分说明猪食源的草食性、杂食性、广泛性等特点。

四、现代工厂化养猪的成效与面临的挑战

（一）现代工厂化养猪的模式与成就

西方自20世纪50年代开创工厂化养猪模式，使养殖效率得到了空前提高。我国在改革开放之后，饲料工业、生猪养殖开启了市场化模式，总量以惊人的速度增长，饲料产量和生猪存栏量长期位居世界首位。2023年，我国生猪出栏72662万头，同比增长3.81%，猪肉产量5794万吨，同比增长4.6%。与此同时，我国猪肉进口量全年为227.5万吨，只占国内产量的3.9%，但仍保持全球第一的位置[②]。国内猪肉供应的自给率在95%左右，这在我国有限的资源禀赋之下，是非常不容易的成就。随着国内消费者对高品质肉类产品的需求不断提高，进口猪肉市场仍有较大发展空间。

与体量巨大和高速发展相伴随的是，国内养猪模式发生颠覆性变化，

① 徐旺生：《历史上关于养猪的农谚与民谣》，《猪业科学》2011年第5期，第120-121页。

② 刘小红、陈瑶生：《2023年生猪产业与技术发展状况》，《中国畜牧杂志》2024年第60卷第3期，第302-307页。

主要包括大企业的自繁自养、大小主体之间的合同育肥、中小散户专门育肥等。2023年，当年出栏100万头以上的28家养猪企业，合计出栏量达到17993万头，占全国生猪出栏量的26%。仅排在前三位的牧原股份、温氏食品、新希望分别上市6120万头、1791万头、1461万头生猪，占全国总出栏量的13.39%[①]，行业的规模化、集中度持续提高。楼房养猪也呈现快速发展势头，已投产或在建的多层养殖猪舍投产后，生猪出栏量预计达到5800万头，接近全国总出栏量的9%。2023年，国家出台《关于促进畜牧业高质量发展的意见》，提出2025年畜禽养殖规模化率达到70%以上，2030年达到75%以上的目标。随着人工智能、自动化以及物联网等智能技术的发展，智能化养殖在提高养殖场的生产效率、扩大养殖规模、高效利用资源、加强疾病监测等方面具有广阔的应用前景[②]。中国养猪产业正逐步摆脱传统小规模生产经营模式，向着规模化、集约化、智能化、标准化的方向转变。至此，我国生猪养殖产业的综合生产能力显著增强，现代化养殖体系逐渐成形。可以认为，生猪的规模化养殖是农业工业化过程中成功的案例之一。

（二）工厂化养猪面临的诸多挑战

工厂化养猪的生产效率高，经济效益好，能在有限的土地上生产出大量产品满足消费者需求，但引发的问题同样非常严峻。下面从前端的饲料、中端的养殖、末端的粪污等环节，粗略介绍。

一是饲料用粮的质量、数量问题威胁粮食安全。生猪养殖成本中超过70%的是饲料成本，生猪产业的高度集约化，有赖于饲料工业的飞速发展。目前，国内年度饲料用粮占到粮食总消耗的48%以上，是人的口粮消耗的1.5倍，且增速未减。国内主流的饲料配方模式是“玉米+豆粕”，导致大豆每年进口量近1亿吨，玉米进口量超过3000万吨，人畜共

---

① 刘小红、陈瑶生：《2022年生猪产业发展状况、未来发展趋势与建议》，《中国畜牧杂志》2023年第59卷第3期，第264–268页。

② 李响、剡志龙、李栋等：《智能化养殖技术在养猪产业中的应用》，《中国畜牧杂志》2024年第60卷第8期，第73–80页。

粮、人畜争粮成为普遍现象。从数量上讲，玉米、大豆等饲料粮的对外依存度过高，在低豆粕、低蛋白、多元化日粮等方面做了很多科技攻关，但短期内依然无法实质性扭转；从质量上讲，在治违禁、控药残、促提升方面也持续用力，但饲料的质量、卫生、兽药及非法添加物等方面的监管依然面临严峻挑战。

二是养殖管理威胁食品安全与公共卫生。工厂养猪就是运用各种非自然的养殖技术与管理手段，对农场动物实行集中式管理。如为了快速育肥而无节制地超量使用激素、兽药等；将母猪放到宽度只有60厘米的限位栏中，使其不能移动和转身，没有运动场且几乎终生不见太阳；饲喂的食物均为固定配方的全价料，剥夺了猪采食各种野菜及植物块根等青料的嗜食性等。饲养环境中存在的过度拥挤、空气质量差、活动空间狭小等诸多不利因素，不是单一的，而是复合的，不是暂时的，而是持续的[①]。不利环境的长期刺激会引发慢性应激，导致猪的体质变弱、疫病流行，只好靠反复大剂量使用抗生素等药物来控制各种疫病，使食物安全与公共卫生陷入恶性循环。

三是粪污排放威胁生态安全。集约化养殖产生了堆积如山的粪便，畜禽行业每年产生的粪污接近40亿吨，全国畜禽粪污综合利用率以75%计算，大约还有10亿吨的畜禽粪污无法得到妥善处理，其中生猪粪尿产生量占25.08%[②]。因化肥工业的迅速发展，农户使用粪肥的积极性大幅下降，种养分离导致畜禽粪污变成了废弃物。加之饲料添加剂的超量使用，尤其是铜、锌等重金属普遍超标，导致畜禽粪尿中有害物质进入农田，每年因重金属污染的粮食就高达1200万吨[③]，且对周围的水体、土壤、空气均造成污染。2000年以来，中国生猪产业开始进

① 包军:《中国畜牧业的“动物福利”》,《农学学报》2018年第8卷第1期，第179-185页。

② 赵会杰:《环境规制下畜禽养殖废弃物资源化利用的微观机理研究》，博士学位论文，中国社会科学院大学，2021，第1-56页。

③ 江耘:《重金属畜禽粪便致污染土地　代表呼吁严控饲养标准》https://www.chinanews.com.cn/sh/2014/03-06/5921004.shtml。

入“绿色大洗牌”的约束期，逐步明确了畜禽养殖业污染物排放标准[①]。

五、中国传统养猪与西方工厂养殖伦理的互鉴

（一）中国传统养猪中仁爱与节制的伦理倾向

虽然中国古老的传统养殖方式已不可逆转地消亡在历史长河之中，但其中星星点点的智慧依然具有借鉴意义。中国传统哲学认为“天地合气，万物自生”，天然具有一种“弱人类中心主义”或“节制的人类中心主义”思想，更多的是强调顺应天时地利，注重可持续利用自然。比如仁爱动物的理念。儒家提倡“仁民爱物”，热爱生命，恻隐不忍。道家提倡顺应自然、节制欲望。佛家更是反对杀生，提倡素食，主张积极地救护生命。《农书》云：“夫善牧养者，必先知爱重之心。”[②]有关养猪的福利和伦理也体现在一些农谚中，如“豕不可常在牢中”“养备动时，天不能使之病”[③]，也有“猪不放不长”“要想猪壮，就要散放”等，体现了尽物之性，养护善待。再比如节制规模的理念。古人的农业生产提倡节制，反对规模经营。如《齐民要术》的卷首《杂说》中明确提出了“宁可少好，不可多恶”的主张，《种谷篇》又进一步指出“顷不比亩善”，并解释说“谓多恶不如少善也”[④]。宁可少而精美，不可多而粗糙。更何况，耕地农业时期的养猪业只是种植业的附属，主要是为了积肥，养猪是手段，生产出更多粮食才是目的。中国传统养殖伦理中这些仁爱与节制的思想，与现代动物福利、生态伦理是一脉相承的。传统养猪作为一种古典智慧，我们应该赞赏，但毕竟是可鉴赏不可重复的“古董”。借鉴

① 唐莉、王明利：《中国生猪产业发展、政策评价与现实约束——基于政策与环境视角》，《世界农业》2020年第11期，第112-124页。

② 陈旉：《农书》，中华书局，1956，第367页。

③ 王祯：《东鲁王氏农书》，缪启愉、缪桂龙译注，上海古籍出版社，2008，第105页。

④ 严火其：《中国传统农业的特点及其现代价值》，《中国农史》2015年第4期，第12-28页。

不是复古，绝不是提倡回到过去。希望不要矫枉过正。

（二）西方养殖业中的动物福利及其在国内的传播

工厂化养殖产生的一系列问题是全球性、系统性的，不是区域性、局部性的。西方发达国家率先开始了与动物福利有关的反思。“动物福利”（Animal Welfare）的基本含义就是反对虐待动物、减少动物痛苦，使动物可以康乐地生存。最早可追溯到1822年英国的《马丁法案》，从英国1911年制定动物保护法，到美国1966年颁布动物福利法，至今全球超过100个国家制定了相关法案。露丝·哈里森出版的《动物机器》、彼得·辛格出版的《动物解放》等代表性作品，揭露了集约化养殖业中不为人知的严重问题，动物被当作“工厂化生产机器”，其天性与痛苦都被无情地忽视，人类的理性将非理性的动物压制到了极致。这些思潮极大地推动了全球动物福利运动的高涨。动物福利被进一步诠释为“五大自由原则”（Five Freedoms），即（1）免受饥渴的自由；（2）能够伸展肢体和转身的自由；（3）免受疾病和身体损伤的自由；（4）表达自然行为的自由；（5）免受心理痛苦的自由。经过两百多年的发展，西方动物福利制度已经非常具体、详细、可操作，涉及饲养、运输、屠宰的全过程。目前，国际上用于动物福利的指标大体分为生理指标、免疫指标、生产指标、行为指标和心理指标。整个指标体系的建立，有助于品牌标识的形成，以及贸易壁垒的产生。遗憾的是，动物福利理论在中国的传播并不尽如人意，严火其等人对动物福利概念及理念在中国的传播进行了首次全国性问卷调查，发现只有不到三分之一的被调查者听说过动物福利[①]。动物福利在中国民众中的知晓度、认可度不高，且在我国的立法实践与生产实践中，动物福利也并没有得到应有的关注，这与我国畜牧业大国的身份极不匹配。

① 严火其、李义波、尤晓霖等:《中国公众对“动物福利”社会态度的调查研究》，《南京农业大学学报》（社会科学版）2013年第13卷第3期，第99-105页。

（三）中西互鉴下对动物福利理论的反思与修正

动物福利理论是现代农业伦理学的重要组成部分，其传播受阻不得不让我们反思西方理论的本土化问题。笔者认为将welfare、freedom直接翻译为动物的“福利”和“自由”，在中国的语境中与西方保障动物基本康乐的理念有所不同，导致在传播中阻力较大。一是对“welfare”的翻译与修正。英文animal welfare被直接翻译为“动物福利”，英文本意指的是为动物提供符合其天性的本能需求，但“福利”这个词在汉语语境中是比较高的一种待遇，即生存基本诉求之外的享受，如医疗福利、养老福利、女性福利、假日福利等，“动物福利”与之并列，造成了对其本来意思的曲解，让人认为我国的经济发展水平不足以奢谈动物福利。我们可以参照传统文化将其翻译为“动物仁爱”或更加中性的“动物健康”。二是对“freedom”的翻译与修正。动物福利最核心的内容“five freedoms”被直译为“五大自由”，其英文本意是尽可能地让动物免受痛苦，求得最基本的身体健康与精神快乐，而“自由”在汉语语境中也是一种非常高的生存状态，在人的各种自由都很难保障的情况下，宣传动物的自由往往会沦为笑谈。有实践者尝试将“五大自由”翻译为“五大免苦”[①]等更接地气的表述，或“五大原则”等更加中性的表述。这里还要注意区分动物福利与动物权利，前者是比较温和、保守的动物保护理念，在尽可能不改变人的生活方式、饮食习惯的前提下，不要给动物带来不必要的痛苦和折磨。动物福利突出的依然是生产效率，欲取之必先予之，即善待动物的目的是实现经济效益的提升，是为了更多更好地“取”，这在当前的国情下具有更强的适应性。将动物福利和动物权利，与食品安全、经济效益等关系说清楚，更适合当前的传播。

总之，中国传统动物养殖的伦理与西方现代动物福利思想，在其仁爱与康乐的伦理内涵上其实是基本一致的。在工业全球化的当前，中西

① 万熙卿：《关于福利养猪理念与实践若干问题的浅析》，《养猪》2015年第1期，第81-86页。

方在养殖技术和工艺上已经没有实质性差异。那么，因表述上的差异而导致现代农业伦理思想的普及受阻，实属不应该。为此，就很有必要继续凝练更加适合文化语境与时代需要的养殖伦理，以更好地为养殖产业的现代化服务。

六、现代生猪养殖伦理的凝练及其实践意义

在充分借鉴中国与西方、传统与现代的很多发展经验和伦理观念之后，有人提出了生态养殖、有机养殖、绿色养殖、健康养殖等多种养殖概念。一部分是更加突出生态伦理，即在养殖等农业活动中保护生态环境、合理利用资源，按照“近自然”的方法发展现代农业；一部分是强调养殖中动物身心及环境的健康，将健康养殖定义为心理健康、身体健康、环境健康的“三位一体”①。总之，现代养殖业要着眼于养殖生产过程的整体性（整个养殖行业）、系统性（养殖系统的所有组成部分）和生态性（环境的可持续发展），关注动物健康、环境健康、人类健康和产业链健康②，将养殖效益、动物健康、环境保护以及畜产品品质安全等四个方面统筹考虑。我们不妨将包含了上述内容的养殖伦理概括为“生态健康养殖”伦理观。

中西互鉴之下的“生态健康养殖”伦理观对现代养猪伦理的启示包括以下几个方面：一是规模适度。传统养殖业提倡节制规模、行为有度，而现代饲料工业、营养科学、防疫技术等科技力量的导入，为养殖业的超大规模发展提供了可能，导致没有尽头的集约养殖成为现代化的标志。我们应该从社会成本与社会收益层面来探索适度规模的边界，不以牺牲质量、健康、环境等长期公共利益为代价来换取短期收益。二是密度适中。传统放牧养猪可以自由活动、拱土、晒太阳，符合猪的生物学天性，而现代工厂养殖中的高密度、恶化的空气、狭小的空间、限制

① 包军：《动物福利与健康养殖》，《饲料工业》2012年第12期，第1-3页。

② 顾宪红：《动物福利和畜禽健康养殖概述》，《家畜生态学报》2011年第6期，第1-5页。

本能活动等问题极为严重，我们要在有限的资源禀赋之下，努力探索更加顺应自然、符合动物天性的生产方式、工艺体系。三是食谱多元。传统养猪因饲料匮乏，会补充饲喂麸、糠等农副产品，辅以大量青绿饲草，这为今天猪饲料的低豆粕、低蛋白、多元化提供了思路。有学者从传统经验中，创新性地提出了苜蓿喂猪等模式，并在实践中得到了很好的应用。四是种养循环。传统小农的农耕畜牧思想与技术体系，包含用养结合、农牧互补等诸多原则和伦理，循环生态系统的运行不产生非自然的污染，工厂化养殖中的种养分离，导致食品安全威胁人类健康，动物源性疾病的变异及跨物种传播成为全球性挑战。中国畜牧业在养殖规模、科技应用等方面已经取得了举世瞩目的成就，应该以此为基础，在运用工业化方法的同时，也汲取传统养殖中适度、仁爱等伦理智慧，兼顾绿色、循环、安全、集约、高效等多重考量，探索全球化视野下的现代农业伦理和实践体系。

基于上述生态健康养殖的新伦理，至少可以为当前的超大规模养殖提出以下几点合理化建议：一是从资源禀赋角度讲，如果我国养猪产业不只聚焦于城市郊区、农田耕地开展工厂式、楼房式的养猪，而是在较偏远的山区、林区、贫瘠区等不宜种植的区域，因地制宜地开展半饲半牧、适度规模、种养结合的养猪模式，那我国养猪业在资源和环境上的承载能力和回旋余地还是很大的。二是从动物福利角度讲，将传统养殖方式与现代饲养技术结合起来，为动物提供更加宽松丰富的饲养环境，如建设山区猪场、林下养殖等，用动物福利理念改进生产工艺，增加户外运动场，有自然光照和通风条件，丰富日粮中的饲草青料，动物就会减少对抗生素等药物的依赖，重新构建良好的人畜关系。三是从市场需求的角度讲，培养适应多种生态地域的新品种，如山区牧猪、森林养猪、小型香猪、农田茬地放牧等品种或模式，以及适应饲料中添加青绿草料等方法的创新。作为一种养殖业态，应充分地发展，通过科学管理、健康养殖、绿色循环，获得优质、安全的畜产品，提升市场竞争力，满足广大消费者多元化的需要。四是从社会效益的角度讲，养猪产业不能沦为大资本的游戏，甚至以行政手段强行清退中小养殖户，而是要鼓励合作社、家庭牧场等新型经营主体，以产权、资金、劳动、技术、产品为纽带，开展合作和联合经营，通过企业+合作社+农户等方式建立利益联结机制，带动中小养殖户专业化生产，使生猪产业在保障国家食物安全、繁荣农村经济、促进农牧民增收等方面发挥更大作用。

七、结语

养殖规模的急速扩大，为全球食物供应带来了革命性影响，畜牧生产系统中人、动物及环境之间的关系发生了重大改变。我们学习西方动物福利规范，借鉴传统养猪历史与伦理，目的是洞察当前养猪理念与模式中的不足，在促进适度规模的同时，也避免超大工厂化养殖的弊病，规模养殖不是将养殖变成工厂式的“集中营”，而是变成适度规模的动物“舒乐园”。

当然，养猪产业的主流方向依然是朝着规模化、智能化、精细化养殖方向发展，人类在生物育种、精准营养、疫苗研发、环境控制、粪污处理等方面的专题攻关力度还将持续加大。然而，人们也逐步认识到，以养猪为代表的畜牧业所涉及的范围之广泛，已经不是某一项技术、某一个学科、某一个区域能解决得了的。生态学、生物学、兽医学、畜牧学等自然科学，以及哲学、法学、经济学、行为学等也纷纷参与进来，为改进工厂养猪等畜牧业模式，探索提质增效的合理方案而努力。以动物伦理为代表的农业伦理学是多个学科相互重叠、交叉而成的，用整体性、系统性的哲学视角，以时、地、度、法的多维结构为全行业的治理和提升提供了视角。

值得关注的是，当世界工业文明已经进入后工业文明转型期的时候，中国还在全速进行工业建设，还在“鼓励”农业工业化，规模化工厂养殖仍是各地政府竞相扶持的发展方向，还没有来得及对后工业文明有所认知，更不会以此为基础对工业文明的利弊加以反思。诚如任继周所言：“我们应虔诚地向时代学习，弥补我国农业伦理观的时代差距，理解后工业文明的要义，厘清农耕文明与工业文明的利弊，逐步建立崭新的后工业文明农业伦理学。”[①]即在生态农业伦理学、新质生产力等现代农业理念引领下，奋起开拓生态养猪业，形成产出高效、产品安全、资源节约、环境友好的高质量发展新格局。

① 任继周、方锡良：《中国工业化的历史过程与农业伦理学响应——兼论后工业化的历史机遇》，《中国农史》2019年第3期，第3-10页。

第十章
放牧政策：“全域封山禁牧”治理中的伦理[①]

一、引言：新修《畜牧法》中的草食畜牧业

《中华人民共和国畜牧法》（以下简称《畜牧法》）颁布实施于2006年。为贯彻新发展理念和推动畜牧业现代化，全国人民代表大会常务委员会于2022年审议通过了新修订的《畜牧法》[②]，并于2023年3月1日起施行。此次修订中的一个鲜明特点，就是新增了第五章《草原畜牧业》。该章并未对“草原”的空间指向进行明确界定，导致以农区为主的“草食畜牧业”是否应包含在该法的“草原畜牧业”的调整范围之内而存疑。据统计，全球的放牧地占地球陆地面积的一半以上，放牧系统为人类提供了一半以上的肉类、1/3以上的奶类以及皮毛等畜产品[③]；而我国95%

① 本章已全文刊登在《天水师范学院学报》（有改动）。赵安、杨琼、柏瑛：《新〈畜牧法〉背景下“全域封山禁牧”政策的讨论——以甘肃省×县草食畜牧业现代化的实践经验为例》，《天水师范学院学报》2024年第44卷第6期，第112-122页。

② 全国人民代表大会常务委员会：《中华人民共和国畜牧法》，http：//www.npc.gov.cn/npc/c2/c30834/202210/t20221030_320096.html。

③ Hodgson J.，*Grazing Management*：*Science into Practice*（New York：Longman Scientific &Technical，1990），pp.1-2.

以上的牛肉和80%以上的羊肉都来自农区而非天然牧区[①]，即草食畜产品主要是由农区提供的。如果将《畜牧法》中的“草原畜牧业”只理解为狭义的天然草原，则极易导致占大多数的农区草业和草食畜牧业陷于无法可依或过度执法的窘境，不利于草食畜牧业的现代化。

如果对草原、草地、耕地种草等地类的适用边界界定不清，极易导致基层执法过程中“放牧许可”和“封山禁牧”在空间范围不统一的问题。一是从《中华人民共和国草原法》（以下简称《草原法》）[②]的角度，“草原”被界定为天然草原和人工草地，其规范的重心依然在于天然牧区。二是从自然资源的角度，自然资源部门将“草地”和耕地、林地、湿地等其他地类并列[③]，而“耕地种草”的草地依然属于“耕地”的范畴，不是国土资源中的“草地”。三是从草业科学的角度，人工栽培的草地可以是在耕地中，也可以是在草地、林地等其他农用地中，还包括天然草原上的人工建植，上述交叉重合被统一在“草地”这一学术概念之中[④]。《畜牧法》究竟应该怎样使用上述名称，才能使“草原畜牧业”相关法条有明确的规范对象，且在基层执法中不出现应用场所的混乱呢？

新修订的《畜牧法》第五十三条规定：“国家鼓励推行舍饲半舍饲圈养、季节性放牧、划区轮牧等饲养方式，合理配置畜群，保持草畜平衡。”[⑤]这里的“放牧许可”指向的范围是否包括天然牧区和农区草地？我们必须对相关法律进行系统梳理。目前，国家层面与林草有关的立法

---

① 胡浩、郭利京：《农区畜牧业发展的环境制约及评价——基于江苏省的实证分析》，《农业技术经济》2011年第6期，第36-42页。

② 全国人民代表大会常务委员会：《中华人民共和国草原法》，https：//www.forestry.gov.cn/c/www/gklcfl/300097.jhtml。

③ 自然资源部办公厅：《关于印发〈国土空间调查、规划、用途管制用地用海分类指南（试行）〉的通知》，https：//www.gov.cn/zhengce/zhengceku/2020-11/22/content_5563311.htm。

④ 任继周：《草地生态生产力的界定及其伦理学诠释》，《草业学报》2015年第24卷第1期，第1-3页。

⑤ 全国人民代表大会常务委员会：《中华人民共和国畜牧法》，http：//www.npc.gov.cn/npc/c2/c30834/202210/t20221030_320096.html。

包括9部单行法、17部行政法规，其中并没有以"封山禁牧"方式来保护林草资源的条款。而《草原法》第三十五条"提倡在农区、半农半牧区和有条件的牧区实行牲畜圈养"，目的是减轻天然草场的载畜压力，并且指出"在草原禁牧、休牧、轮牧区，国家对实行舍饲圈养的给予粮食和资金补助"①。笔者在甘肃省原农牧厅为农户颁发的"草权证"（即甘肃省草原承包经营合同书）中看到，农牧户有权利"自主组织草原畜牧业生产"，且要履行"合理利用草原的义务，实施草畜平衡制度，不得超载过牧"。上述法规、文件、权证中均没有"全域封山禁牧"的极端条款。2022年，农业农村部印发的《"十四五"全国饲草产业发展规划》②鲜明指出，"在部分北方农牧交错带丘陵地区，建植高质量混播放牧饲草地，开展划区轮牧"，"在适宜地区开展草山草坡改良及人工混播饲草放牧地建植与管理"，即"混播建植""划区轮牧"等模式，是符合国家政策的正确做法。

但某些地方出台的行政条例和基层林草系统的工作方针，却普遍出现"全域封山禁牧"的极端做法，出现基层执法与国家立法不一致的情况。2022年修订的《甘肃省草原条例》③规定，对"严重退化草原"应当实行禁牧、休牧制度；对"轻度退化的草原"应当实行季节性休牧。这里的严重退化、轻度退化必须有可操作性的标准，防止基层执法中的极端行为。该省位于农牧交错区的庆阳市于2017年发布了《庆阳市禁牧条例》④，指出"本条例所称禁牧，是指对县级以上人民政府划定的禁牧区域，实施禁止放养羊、牛、驴、骡、马等草食动物的管护措施"，试图以

① 全国人民代表大会常务委员会：《中华人民共和国草原法》，https：//www.forestry.gov.cn/c/www/gklcfl/300097.jhtml。

② 中华人民共和国农业农村部：《"十四五"全国饲草产业发展规划》，http：//www.moa.gov.cn/nybgb/2022/202203/202204/t20220401_6395157.htm。

③ 甘肃省人民代表大会常务委员会：《甘肃省草原条例》，https：//flk.npc.gov.cn/detail2.html?ZmY4MDgxODE3ZmQ5ODYyNTAxODA2M2FlZGI5ODI2MTg。

④ 庆阳市人民代表大会常务委员会：《庆阳市禁牧条例》，https：//www.zgqingyang.gov.cn/gk/zfxxgk/zc/dfxfg/content_14666。

“禁牧”为林牧矛盾的解决建立长效机制。该市下辖×县于2023年7月份发布了《×县人民政府关于实施封山禁牧的通告》，该通告直接使用“封山禁牧”的字样，且禁牧范围几乎扩大到“全域”，如“全县行政区域内的所有公益林地、幼林地、生态建设林地，包括国土绿化区域及黄河流域综合治理区域、坡耕地综合治理和国家水土保持重点工程造林项目等；全县行政区域内严重退化、盐碱化的草原和生态脆弱区、重要水源涵养区的草原；公路及乡村道路沿线等人居环境整治工程；河道堤防和护堤地、划定的饮用水水源保护区、林场、森林公园等其他区域”。

本章认为，因《畜牧法》等上位法对“草原”界定的不严谨，尤其是对农区“草地”的忽视，以及对“草食畜牧业”跨耕地、林地、草地等多种区域，整合各类自然资源开展经营的模式规范不够清晰，导致地方执法当中出现了省、市、县逐级对禁牧区域的扩大解释和执法手段的层层加码，造成很多地区出现“全域封山禁牧”“草食家畜绝迹”的极端现象，既不符合科学的林草资源保护办法，也不符合经济社会发展的基本伦理。本章认为，《畜牧法》中的“草原畜牧业”一章，应该对“草原”与“草地”、“草原畜牧业”与“草食畜牧业”等概念的边界进行重新思考，使法律法规中的自然资源管理与畜牧业发展紧密结合。同时呼吁林草部门积极创新林牧、草牧等经济发展方式，共同推动草食畜牧业的现代化，践行大农业观、大食物观、大生态观，促进“绿水青山就是金山银山”的转变。

二、理论框架与文献回顾

目前，学术界对草食畜牧业的公共管理已经有不少探讨，尤其是对于某些地区采取的极端封山禁牧的粗暴执法，已经有不少反对声音，政策也出现松动的迹象，但依然缺乏一些系统反思的文章，为政策矫正提供智力支持。本章尝试提出“科学—伦理—法治”的分析框架，从草业科学、农业伦理、畜牧法等多学科角度，对这一复杂的理论与实践问题进行剖析，并尝试为该类公共政策的逐步修正提出一些可行性方案。所谓“科学—伦理—法治”的框架，实质是探索一种评价某项公共政策的方法，即是否符合“合理—合情—合法”的过程，将科学之理、伦理之情、制度之法等认识融入具体的实践案例之中，形成一种规范化评价模式，最终实现生产、生态、生活的多赢，以及国家粮食安全与生态安全等公共目标。下面图10-1是本章的理论框架。

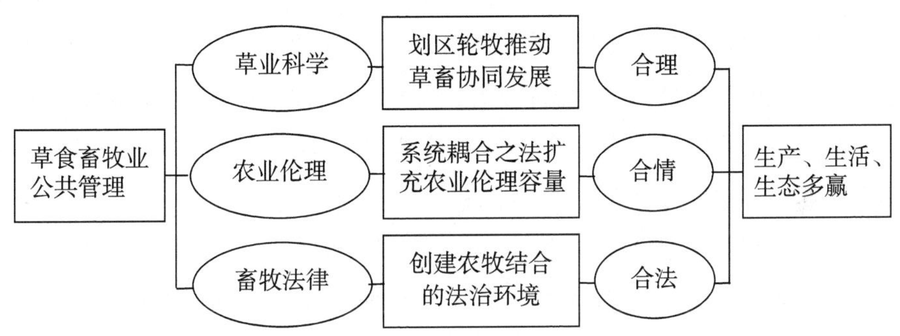

图10-1　草食畜牧业公共管理评价的理论框架

第一个层级是科学问题。对林草资源的生态保护和草食畜牧业发展的公共管理，不能违背基本科学规律，即要“合理”。牧草与草食畜通过数百万年的协同进化而至今日，以封山禁牧的方式限制“畜”来保护“草”的做法，割裂了生态系统的整体性，违反了生态学基本规律。任继周将强制禁牧称为“反科学、返潮流的咄咄怪事”，其实质就是“草地畜牧业系统的逆行演替，开倒车，却误以为是集约化和现代化前进”[①]。正义的做法是对放牧进行科学、细致、经常性的制度化管理，如长期轮牧、短期轮牧、划区轮牧等多种方式，这种不禁牧的禁牧才具有普遍意义[②]。有人从放牧对草地的影响角度展开研究，如放牧改变牧草的物质与能量分配格局，多途径地诱导牧草的补偿性生长，放牧还改变种间竞争格局、

① 任继周:《放牧与野生动物》,《草业科学》2003年第20卷第11期，第61-62页。

② 任继周、侯扶江、胥刚:《放牧管理的现代化转型——我国亟待补上的一课》,《草业科学》2011年第28卷第10期，第1745-1754页。

调控种群更新，以及群落结构和功能[①]。“作物—家畜”之间的互作过程，对农业系统中土壤、植物、微生物、家畜、营养物质循环、能量平衡和经济效益有显著作用[②]。有人从放牧对家畜生产力的角度展开研究，如连续放牧制度不利于牧草的均匀利用，使草群营养与绵羊体重表现出较大的波动，而划区轮牧能够保持绵羊体重的稳定增长与较高的家畜生产[③]。当可利用牧草生物量低于24g/m^{2}时，划区轮牧优于季节连续放牧，而且绵羊的采食量受到明显影响[④]。有人提出了草地精准放牧管理模式，就是通过放牧来实现生产生态双赢的目的，如中度放牧干扰、草地补偿生长机制、畜群结构调控、优化家畜组合、多样化家畜放牧理论等[⑤]。国内外实践反复证明，家畜是“移动的割草机、天然的施肥机”[⑥]，放牧不仅是最经济的饲草收获方式，也是最良好、稳妥的草地管理手段，它以最简便的方式为家畜提供最健康的生存环境、最健康的营养源，生产安全健康、成本低的畜产品。放牧还是高效绿色的草原管理系统，可刈除杂草，抚育优良牧草，促进养分循环。放牧绝不是落后的生产方式，全域封山禁牧的极端做法在科学上不合理。

第二个层级是伦理问题。任继周于2014年创立农业伦理学，探讨人类对自然生态系统农业化过程中发生的伦理关联[⑦]，封山禁牧违反了农业

---

① 侯扶江、杨中艺：《放牧对草地的作用》，《生态学报》2006年第26卷第1期，第244–264页。

② 侯扶江、南志标、任继周：《作物—家畜综合生产系统》，《草业学报》2009年第18卷第5期，第211–234页。

③ 韩国栋、李勤奋、卫智军等：《家庭牧场尺度上放牧制度对绵羊摄食和体重的影响》，《中国农业科学》2004年第37卷第5期，第744–750页。

④ 韩国栋、卫智军、许志信：《短花针茅草原划区轮牧试验研究》，《内蒙古农业大学学报》（自然科学版）2001年第1期，第60–67页。

⑤ 王德利、王岭、韩国栋：《草地精准放牧管理：概念、理论、技术及范式》，《草业学报》2022年第31卷第12期，第191–199页。

⑥ 肖祥铭、常生华、贾倩民等：《利用方式、种植模式和施氮对多年生牧草产量及品质的影响》，《草业科学》2021年第38卷第4期，第703–715页。

⑦ 任继周：《中国农业伦理学概论》，中国农业出版社，2021，第3–24页。

生态系统多层级物质与能量流动的耦合之法[①]，削弱了生态生产力的发挥[②]。"草地禁牧即为保护"的极端做法，与草地畜牧业"草畜协同发展"的伦理观相左，应根据放牧适宜度理论对草地管理策略进行调整，实现放牧草地生产生态功能的发挥和伦理学容量的扩增[③]。因地制宜组织山地农业生产，发挥山区资源优势以推动种养结合与草畜一体化，实现生态和经济两个系统的良性互作[④]。还有从动物伦理[⑤]、动物福利[⑥⑦⑧⑨]等视角来诠释畜牧业的现代化内涵，如超大规模的集约化畜牧业生产，往往在有限的空间内圈养成千上万只单一的畜禽，依靠大量的兽药、疫苗等生物制品的使用维系，将大量动物装在拥挤的车厢中长途运输并屠宰，严重损害了对自然生命内在价值的尊重。也有人从中国古代的动物养殖中发掘畜牧业现代化的智慧，如重视放牧散养、营造系统循环、仅取系统

① 任继周、林慧龙、侯扶江：《农业层积之法的农业伦理学诠释》，《兰州大学学报》（社会科学版）2018年第4期，第1-7页。

② 任继周：《草地生态生产力的界定及其伦理学诠释》，《草业学报》2015年第24卷第1期，第1-3页。

③ 董世魁、任继周、方锡良等：《养殖业的农业伦理学之度》，《草业科学》2018年第35卷第9期，第2059-2067页。

④ 董世魁、赫凤彩、史航等：《山地农业伦理观的特征及时代价值》，《草业科学》2022年第39卷第4期，第787-794页。

⑤ 蒋劲松：《动物伦理学视野中的畜牧业》，《兰州大学学报》（社会科学版）2015年第3期，第45-48页。

⑥ 常纪文：《动物福利与动物权利之法学辨析》，《昆明理工大学学报》（社会科学版）2007年第7卷第7期，第6-8页。

⑦ 包军：《中国畜牧业的"动物福利"》，《农学学报》2018年第8卷第1期，第179-185页。

⑧ 顾宪红：《动物福利和畜禽健康养殖概述》，《家畜生态学报》2011年第6期，第1-5页。

⑨ 姜冰、康祎梅、崔力航等：《农场动物福利的历史演进、价值审思与现实启示》，《农业现代化研究》2022年第43卷第6期，第958-970页。

盈余等高福利的特征①。封山禁牧的过度执法，以单方面牺牲农牧户的发展权来保护生态环境的做法，在补贴的范围和力度都不充分、不精准的情况下，显然是违反了经济社会公平正义的基本伦理的。所有农业行为，都是对自然生态系统和社会生态系统中土地、水热、植物、动物、人类劳动等多重资源的系统利用，其中包含的伦理规范是农业的本体，对农业伦理的无视，将造成农业措施众多舛误之源。

第三个层级是法治问题。世界上畜牧业发达的国家都有较为完备的畜牧法典、畜牧业单行法及动物福利相关立法，以此来促进本国畜牧业的发展。我国在2000年前后，林业系统因退耕还林工程要快速提升林木成活率和植被盖度，各地开始实施封山禁牧政策。因此提高了农牧户的养殖成本，降低了畜产品质量安全，增加了基层监管成本，导致了封山禁牧与草食畜牧业发展的矛盾。2005年，我国首部《畜牧法》颁布，立足于我国畜禽养殖的现实，对规模养殖和散户养殖分别做出了适当规定，体现了两种养殖方式的不同特点和国家对畜牧业发展实行分类指导的立法原则②。然而，各地"全域封山禁牧"政策的巨大惯性并没有因此而停止，甚至有些地方条例与国家法律相抵牾。有研究从高效设施畜牧业的角度出发，尝试探索出低成本舍饲模式来代替原有传统野放的模式③。有的研究则从农牧户舍饲意愿展开分析，认为舍饲意愿与国家舍饲补贴力度等成正比，与家庭养羊数量等成反比，得出了适度规模、提高舍饲补

① 齐文涛：《中国古代动物养殖活动的伦理倾向》，《自然辩证法研究》2015年第31卷第10期，第80-84页。

② 任大鹏、乔文慧：《浅议〈畜牧法〉关于畜禽养殖方式的规定》，《中国畜牧杂志》2006年第42卷第8期，第25-27页。

③ 权松安、彭珂珊、田发展等：《封山禁牧下高效设施畜牧业建设模式及其推广路径》，《草业科学》2003年第20卷第10期，第41-45页。

贴的结论[1]。有的研究为推动动物福利思想的传播与立法而呼吁[2]。然而，在多年的畜牧实践中，禁牧政策与草食畜牧业的矛盾并没有减弱。为了贯彻新发展理念，适应现代畜牧业发展的要求，2022年10月，全国人民代表大会常务委员会审议通过了新修订的《畜牧法》。全国人大常委会副委员长吉炳轩指出：“我们需要从实际出发，分头多路发展我们的养殖业，既要做好现代化、集约化、工厂化、规模化养殖，也要做到关照好、支持好一家一户的传统家庭养殖，还要高度重视和持续抓好草原牧业的高质量发展，走出具有中国特色的现代化养殖之路。”[3]

三、研究方法与研究进路

（一）研究方法与样本选取

本章通过两个案例形成一个对照组，来分析极端禁牧政策对地方草食畜牧业的影响。通过深挖同一个县域范围内，在相同的自然条件和放牧政策（如《×县人民政府关于实施封山禁牧的通告》）之下，一个肉羊养殖家庭农场、一个肉羊养殖规模企业，这两个不同经营主体对地方禁牧政策的响应、互动与博弈。本章选取甘肃省庆阳市×县的两个实践案例作为样本，是基于该县位于甘肃东部农牧交错区的特定自然环境，以及笔者对该县林草、畜牧政策超过10年的持续追踪。

一方面是特定的自然环境。×县所在市位于陕甘宁三省交界处，2022年庆阳市平均气温为10.3℃，年日照时数2352小时，年降水量464.7毫米，属于雨养农业区，水热资源较好，夏秋季节植物营养体生长茂盛。根据第三次全国国土调查的数据，全市耕地983万亩，林地1312万亩，草地1335万亩，森林覆盖率26.77%，林草总面积是耕地面积的2.69倍，

---

① 李军、沈政：《封山禁牧背景下农户舍饲选择意愿及其影响因素分析——以陕西省榆林市农户为例》，《中国农村经济》2013年第9期，第78–86页。

② 曹明德、刘明明：《对动物福利立法的思考》，《暨南学报》（哲学社会科学版）2010年第32卷第1期，第41–46页。

③ 施林：《惠及14亿人餐桌　畜牧法完成修订》，《中国人大》2022年第21期，第42–43页。

占全市国土面积的一半以上。该市位于黄土高原腹地，千沟万壑，农业机械化和饲草商品化程度低，集中舍饲的饲草料成本和管理成本极高，严重挫伤了农户开展草食家畜养殖的积极性。与此相对比的是，全市广阔的林草自然资源，几乎都分布在荒沟荒坡等种植业无法利用的土地上，这些超过半数的林草地除发挥生态功能之外，所产生的经济社会效益极为有限。市内多处县乡国有林场、集体林场，甚至还需要专职机构和人员进行管理，不但不能产生经济效益，还要财政额外支持才能运行。自我国集体林权改革、森林经营试点工作开展以来，一些地区在引导林权有序流转，推广合作经营机制，充分激发集体林业发展活力等方面，开展了一些积极探索，但全市的林牧结合与林草经济依然存在很多体制性机制障碍，改革推进和试点示范的进展极度缓慢。

另一方面是持续的政策追踪。笔者从2012年以来，在甘肃省×县开展蹲点调研超过10年时间，其间实质性地参与该地区饲草产业、牛羊养殖产业的公共管理工作，对该区域的林草自然资源概况、封山禁牧政策变迁、草食畜牧业发展等，均有较为深入和持续的观察，积累了丰富的实践经验。2012年，笔者刚到×县某村蹲点时，甘肃省开始推行专职护林员政策，每个行政村确定1名护林员，每人年薪6000元，主要从事林草资源管护、放牧监督、森林防火等工作。2021年以来，甘肃省开始推行“林长制”①，建立市、县、乡、村四级林长体系。该村除了村支书、主任担任林长、副林长之外，还增设护林员6名，每人年薪8000元，草管员1名，每人年薪2000元，几乎每个村民小组都有一个专人来负责全域内的放牧监管工作。×县所在市共聘用专兼职林草员1.11万人（次），落实管护面积1374.54万亩，“确保每块林地草地都有四级林长和管护人员管理”，仅此一项工作耗费人力物力之巨。基层林草工作的原则突出“保护优先、绿色发展”，方法就是“全域禁牧休牧”，构建党政同责、属地负责、部门协同、源头治理、全域覆盖的林草资源保护发展长效机制。

① 甘肃省委办公厅、甘肃省政府办公厅：《关于全面推行林长制的实施意见》，http：//www.gansu.gov.cn/gsszf/gsyw/202107/1671491.shtml。

县区森林派出所监督落实封山禁牧工作的主体责任，公布举报电话，鼓励社会各界参与封山禁牧工作。在这种"史上最严封山禁牧"管理模式之下，当地农牧户通过夜间偷牧等方式与监管部门展开博弈，隐性放牧的行为依然存在，草食畜牧业的发展遭受严重损失。

（二）研究路径框架图

如图10-2所示，本章的主旨是全域封山禁牧政策对地方草食畜牧业的影响，选择了庆阳市×县的一个家庭农牧场、一个规模养殖场作为样本，通过两个案例的细致比较，分析潜藏在相同公共治理逻辑之下，两个不同的草食畜牧业经营主体对这种公共政策的反馈与博弈，以及不同经营模式之下的经济、生态、社会效益的异同。通过这样一个对照组，来探索更加符合草食畜牧业的科学、伦理的管理模式与法治环境，即法律政策的制定要遵从草食畜牧业的客观规律，符合动物生存与人类发展的基本伦理，寻求"科学—伦理—法治"在实践中的均衡点，以追求生产、生态、生活的多赢。最终的结论反馈到本章的研究问题之中，形成逻辑闭环。

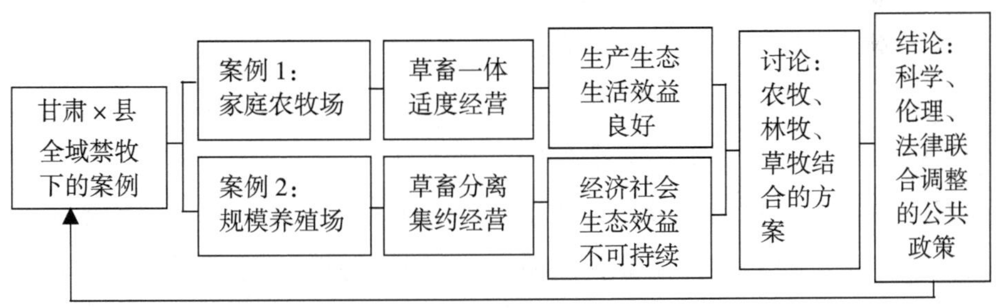

图10-2　甘肃×县全域封山禁牧政策的案例对照研究进路

四、半饲半牧与集中舍饲的案例对照

（一）案例对照之一

1.案例描述：家庭农场半饲半牧的"草畜一体"模式

×县某山区的村民小组，原有40多户人家，因交通和饮水不便，在山区居住的人不足10户，山区梯田被大量撂荒。该小组一户人家成立了家庭农场，在山区种草养羊。其棚圈由两间简易农房改造而成，存栏的山羊和绵羊超过70只，西门塔尔母牛2头，小牛犊2头。其中40多只成年母羊和种公羊圈在一个圈舍，以放牧为主，舍饲为辅；20多只妊娠期母羊和羊羔圈在一个圈舍，以舍饲为主、放牧为辅。据该农户介绍："100只羊的规模，如果完全舍饲，一日三餐没有三五个壮年劳动力根本忙不过来，但半饲半牧的话，一个人的劳动基本就能维持。"（访谈编号：CG202207-1）圈舍旁边是储草棚，堆满打好捆的小麦秸秆、粉碎的玉米秸秆，还有玉米、麸皮、青贮、精料等。再旁边是简易车棚，有拖拉机、旋耕机、播种机、小型粉料机、搅拌机、割草机，一辆运输用的中型三轮车。一个微型养殖场的设施基本齐全。

放牧场所非常灵活多样。其自有承包地10亩，流转了30多亩山地，共经营了40多亩山地。说是流转，其实是很多外出的邻居，怕土地撂荒免费给他种。这40多亩地里，种了12亩小麦、12亩玉米、3亩高粱、2亩甜高粱、2亩苏丹草、2亩大燕麦、2亩油菜，除了小麦和油料需要收获籽粒以外，其余的作物都是收获营养体，加之草田轮作、间作，种植和收获方式很灵活。另外还有2亩菜园、3亩桃园，可以消纳养殖的有机肥。上述自有农用地随时都可以用来放牧。该农户介绍道："山上到处都是没人管理的多年生苜蓿地，只要勤快，是割不完的。每天下午六点等当地政府下班以后，就偷偷赶出去放羊，晚上十点才回来，就像打游击。只在自家地里放牧的话，草品种太单一，最好能去荒沟里跑跑。我也被乡政府林草站处罚过好几次，最多的一次罚过3000多元。"（访谈编号：CG202207-2）

2.案例分析：农牧结合的经济、生态、社会效益评价

先来计算一下该家庭农场养羊的成本收益。羊的繁殖速度很快，30只基础母羊，每只母羊每年能生两胎，每胎2到3只，每年新增羊羔数量近100只，每年该家庭农场养羊的平均收益在10万元左右。每年的额外支出非常少：一是饲料成本，牛羊对精饲料的依存度很低，只需要在市

场上购买一点预混料（矿物质和微量元素等），费用在3000元以内，育肥期添加玉米、麸皮等能量饲料充分混合，平时用的草料都依靠自己生产。二是防疫成本，乡政府的防疫站每年都会免费打两次防疫针，每年购买兽药的花费在1000元左右，该农户介绍说：“牛羊在山区较封闭的场域，时常在山壑之间奔走，运动量充足，疫病发生率很低，即便有时淋一场大雨也不会得病，但舍饲的羊，不是嘴烂就是蹄烂，生病不断，不停吃药。”（访谈编号：CG202207-3）三是机械成本，燃油和折旧确实会有成本，除了完成自家耕种收储的作业外，该农户还给山区其他人家耕地播种，收入在供养机械运营和折旧之后还有盈余。四是水、电、土地租金等生产要素的价格，在这地广人稀的山区，这些成本都非常低廉。如此计算，整个羊场的年度运营成本控制在5000元以内。另外还有政府每年免费发放的种养补贴，地膜、草种等农资产品，补贴以后成本基本为零。当然，这并未计算农户自己的劳作成本。

该农场在人口稀少和要素廉价的山区，开展半饲半牧的种草养羊实践，种养结合非常紧密，草畜一体循环畅通，并不是在山上修建了一座简易羊棚，而是构建了一个微型“人—草—畜”放牧系统单元。在这个完整的草地农业生态系统里，有农作物，有饲草种植，有草食家畜，有草畜互作，尤其是适度放牧的草畜管理，不仅节约了劳动力，降低了养殖成本，提高了养殖业经济效益，而且完成了作物与家畜之间的物质与能量流动，增加了动物的户外运动量、采食植物的多样性，提升了动物福利，减少了动物疫病，提高了养殖业品质，且粪污及时还田，最大限度地完成废弃物利用，保护了生态环境。同时为山区农户增加了收入来源，发挥了草食畜牧业的社会效益。上述家庭农场半饲半牧、草畜一体的经营模式，基本符合草畜科学、农业伦理的基本原则。

当然，该家庭牧场也有很多可以改进的地方，比如可以在经营的40亩土地中，实行多种饲草的混播，继续优化种植结构，学习制作紫花苜蓿与全株玉米青贮发酵全混合日粮等简易工艺，可以进一步提高半牧半饲草畜产业的生产效率等。同时，继续盘活山区林草资源，对牧场进行划区轮牧，实行季节性的精准放牧管理，而不是通过“偷牧”的方式进行粗放利用。这当然需要相关单位对草地健康、草畜平衡等有高效的监管手段，并对相关立法做出调整，来确保生产和生态的协同发展。

（二）案例对照之二

1.案例描述：规模羊场集中舍饲导致的“种养分离”

2018年，×县政府财政完全控股的某国有企业在全县下辖乡镇建设近50座现代化羊场，引进南方湖羊种群，通过招募羊倌和向外承包两种方式，进行大规模集约化舍饲。每个单体羊场的平均造价在200万元以上，近50座羊场仅固定资产投入超过1亿元，这只是该县湖羊养殖成本中的一小部分。该企业的湖羊存栏量一度超过10万只，配备上下游专职管理队伍，在严格执行全域禁牧政策的背景下，企业收储饲草料和精准饲养管理等日常支出靡费，一期投融资超过3亿元（该县的年度公共财政收入约2.5亿元）。因饲草料成本过高、饲喂与管理方式粗放，繁殖速度、育肥周期达不到预期，该企业很快陷入亏损，不到3年的时间就全面崩溃。该县发展湖羊养殖产业的模式及该企业在管理过程中的问题，都太过复杂，难以在一篇文章中穷尽。本章只对在规模养殖、集约舍饲、草畜分离模式下，羊场所遭遇的成本效益问题进行分析，因此选择了该企业下辖的一个外包羊场。

该羊场的承包者是县域某草业公司负责人，他也承接向全县其他羊场供草的业务，因上下游相关业务的便利而承包了1座羊场，招聘了1名场长、3名饲养员、1名厨师，常驻羊场从事养殖工作。羊场由承包者独立经营，自负盈亏。该羊场距离县城50多千米，建在塬边的平坦之处，旁边有一个巨大的沟口，远离人群密集区。占地32.3亩，由6个标准化羊棚组成，可容纳超过1000只湖羊存栏。2018年，该羊场一期投放基础母羊988只。笔者2022年第一次调研时，该场长介绍：“羊场存栏864只，前期的基础建设和购羊成本超过1108万元，后期的流动资金来自291个联系的农户的入股资金340万元，和周边几个村的集体资金入股128万元。”（访谈编号：MQ202208-1）2023年秋天，笔者再去该羊场调研的时候，羊场已经清盘空置。周边一位农户说："羊场里瘦弱不堪的母羊，到最后也没能走出这个狭小的羊场半步，有的被活活饿死在羊棚里。"（访谈编号：MQ202208-2）该羊场的情况在当地并非个例，据当地知情人士透露："全县近50座羊场已经全部破产清算，还面临上游饲草料企业的未清偿债务，大量固定资产的闲置，民间入股到羊场的资金的兑付等一系列棘手问题。"（访谈编号：ZY202208-1）

2.案例分析：规模羊场的经济、生态、社会效益评价

以下成本收益的计算，均源自笔者与该羊场多位工作人员实地访谈的资料（访谈编号：MQ202208-3）。先分析被调研羊场的年度成本。在完全舍饲的情况下，以每只羊为单位进行核算。第一部分是饲料饲草：肉羊每天的饲喂包括精饲料、青贮玉米、干苜蓿、作物秸秆四个部分。每只羊每天需要精饲料0.4千克，每千克4元，小计1.6元；青贮玉米0.8千克，每千克0.8元，小计0.64元；干苜蓿0.3千克，每千克2.2元，小计0.66元；秸秆3千克，每千克1.2元，小计3.6元。每只羊每日的饲草料成本合计约6.5元，其中对精粮的依存度并不高，但以秸秆为主的粗饲料比重过大，即便如此，成本已经升至6元以上。第二部分是人工费：5名工作人员，每月工资总额16500元，伙食等生活费1500元，1000只羊分摊下来，每只羊每日的人工费0.6元。有限的劳动投入依然无法实现精细化管理，这是母羊繁殖能力不达预期的原因之一。第三部分是水电、防疫等杂费：每月水费1000元，电费1300元，兽药费用保守估计500元，疫苗由乡镇政府免费发放，饲养员自己注射，不产生额外费用，总计2800元，折算到每天每只羊不到0.1元。因集中养殖产生的大量粪污，都靠机械粗放处理，并就近消纳，环保成本无法计算，暂且忽略。以上三部分进行加总，每只成年羊每日的成本约为6.5+0.6+0.1=7.2元，其中饲草料成本超过90%。该羊场仅仅维持1000只基础母羊一天的成本就超过7000元，年成本超过250万元。这还没有计算上述村集体、农户入股的流动资金每年10%的分红。

再来计算该座羊场的收益，依然以每只羊为单位。在维持基础母羊

种群数量不变的情况下，营收途径只有一个，就是羊羔的再生产及快速育肥。每只羊羔的出栏周期约为3个月，头一个月吃母羊乳汁，第二个月加少量精料，第三个月才增加草料，所以羊羔的饲养成本要比成年母羊低一些。以每日2～3元计算，100天的育肥周期里，一只羊羔的成本不到300元。而当地羊羔的市场价在600～800元之间波动，取最高值时的利润为500元。关键在于1000只规模的基础母羊每年的产羔量能达到多少呢?这与配种技术、饲喂条件、分娩照料能力等多种因素有关，恐怕是一个变动极大的区域。如果用上面家庭牧场来计算，每只母羊年产羔5只，羊场年产羔5000只，纯利润可以达到250万元。即便母羊的产羔量、羊羔的利润，都以最高值进行核算，也才能勉强维持1000只基础母羊羊场的运营成本，遑论资产折旧、融资成本等。更何况，羊场年度产羔量远远没有达到5000只，该羊场自2019年投产至2022年笔者调研时，累计出栏育肥羊3789只，羊场的亏损已经显而易见。

对该规模羊场的持续追踪，笔者发现一些显见的普遍性问题。一是饲草料成本过高，虽然羊场周边人烟稀少，山大沟深，草山草坡具有不错的载畜能力，但一刀切的封山禁牧政策，导致羊进不了山、草下不了山，羊和草被人为割裂在两个绝缘的空间当中，极大地抬高了肉羊养殖成本。二是精细化管理投入严重不足，以当地的技术条件，3个饲养员完全无法完成对1000只基础母羊的饲喂、接种、繁殖的精细化管理，导致繁殖能力远低于预期。三是疫病防控和畜产品安全问题堪忧，羊在极度空旷的山区养殖，却被禁止离开圈舍，高密度养殖导致疫病频发，只有在疫苗和兽药等生物制品的加持之下，才勉强维持，动物福利水平极度低下，其畜产品质量无法令人放心。四是除经济效益为负之外，生态和社会效益双输。社会面上因农户的入股而存在一系列后续风险，不再赘述。×县草食畜牧业的问题恐怕不全在于养殖技术，而在于发展模式和制度环境。

（三）案例对照的结语

×县拥有悠久的草食畜牧业发展史，不论是被视为“落后”的散户养殖，还是被视为“先进”的规模养殖，都在反复试错中积累了丰富的政策经验，对其背后的逻辑进行总结凝练，是草食畜牧业现代化过程中的宝贵财富。牛羊等草食性动物，自被人类驯化以来，长期处于半游牧状态，以啃食自然界各类牧草为生。将其规模化高密度集中舍饲，食谱简单设定为“精饲料+作物秸秆”，完全隔断了“土地—植物—动物”之间的生产关系，既不科学，也不符合伦理。

上面的案例对照中，家庭农场之所以成功，除了农户不必搞面子工程投资之外，最主要的原因在于他们构建了一个“人—草—畜”相协调的微型“放牧系统单元”；而规模羊场的集中舍饲，不是光建一座现代化羊场这么简单，而是要构建一个生态系统，即尽可能地模拟自然界，构建一个有草、有羊、草羊互作的放牧单元，发挥系统耦合的生态生产力，以尽可能地自我维持、节本增效。违反草地农业生态系统的基本规律、农业伦理基本原则的行为，必然不得其所。不完善的法制环境也难辞其咎。

如果说指出极端封山禁牧政策本身不科学、不符合伦理是相对容易的，真正的困难在于为决策者提出更具操作性的政策建议，创造更加符合科学与伦理的制度环境，这往往是问题的关键。草食畜牧业生产方式本身的特殊性，需要一套符合科学、符合伦理的理论体系和制度环境。随着草食畜牧产品在人们食物消费中的比重快速提升，我国草食畜牧产业的产能和发展速度都存在不小的供需差距，其中除了饲草产业本身的发展空间不足、产业化程度太低之外，还与草畜一体、农牧结合、种养循环的制度环境没有形成有很大的关系。以《畜牧法》为代表的法规和政策，一定要充分吸收草食畜牧业的科学与伦理知识，探索更加合理、合情、合法的制度环境，为产业发展和社会大众起到很好的指引、教育作用。

五、三种场景下的适度放牧方案

2018年国务院机构改革之后，原隶属于地方农业农村部门（厅、局）

的草原技术推广站（中心）被调整至同级林草部门（厅、局），使自然资源意义上的“草地”不能直接服务于畜牧业生产，而倾向于生态保护功能。目前，这种将草食畜牧业划归农业农村部门管理，但将草原或草地的管理划归林草部门的行政部门设置，确实为饲草产业、草食畜牧业的发展造成一定的阻碍。但《畜牧法》并不是针对某一个行政部门的法律，当然也不是针对草地等某一种地类的法律，该法需要从大农业、大食物的角度，统筹耕地、林地、草地等自然资源，构建自然资源与畜牧业生产相耦合的产业与经营体系，尤其是要督促林、草部门创新发展方式。早在1980年，盛彤笙和任继周将黄土高原无畜、少畜的农业系统称为“跛脚农业”“半截子农业”，他们认为“牧”才是农地、林地、草地等规划的共同归宿，“共同的能量转化工厂与巨大能量仓库”[①]。草地农业发达的国家，放牧管理的土地类型和面积以及动植物种类要丰富得多，包括林地、草地、耕地、湿地、水域等生长植物，能够放牧动物，或具有潜在放牧价值的土地，放牧既为了获得经济收益，也为了恢复与维护生态系统的健康[②]。本章认为，农区发展草食畜牧业的放牧场所，应该更加多元和灵活，本章从农牧、林牧、草牧三个方面，结合放牧生态学理论和当前封山禁牧的法治环境，对农区草食畜牧业发展再做一些讨论，尝试提出一些建议。

（一）农牧：推动耕地粮草轮作与农地放牧

×县畜牧业产值占比不过15%，能量空耗达70%左右，农业没有充分利用畜牧业这个能量转化器，浪费了生态系统大量的能量。一是通过引草入田的方式来种草养地、增草增粮，在耕地中实行粮草轮作、套作、复种等方式来调整种植业结构。引草入田不仅不会减少粮食产量，而且还会提高作物产量、提高土壤肥力、减少作物病虫害、提升种养业效益

① 盛彤笙、任继周：《黄土高原的土壤侵蚀与农业格局》，《农业经济问题》1980年第7期，第2–7页。

② 侯扶江、杨中艺：《放牧对草地的作用》，《生态学报》2006年第26卷第1期，第244–264页。

等。应该推动农区种草与农区养殖的协调发展，尤其是在中下等农地上发展农区草业，为草食畜牧业发展就近提供草料、就近消纳粪污，使种养结合更加紧密，农牧循环更加畅通。建议尽快将饲草种植面积纳入耕地种植业的统计范围。二是推动在农区的作物地、栽培草地、半栽培草地、农闲田等场所实行放牧，科学试验已经反复证明，放牧有助于加速物质循环、草种传播、粪肥还田、控制啮齿类动物等，甚至小麦等作物返青季节的适度放牧有利于"粮饲兼用"。农区舍饲动物在农田中的适度运动，也有助于控制动物疫病、提高母畜受胎率、提高动物福利，是符合科学与伦理的正确做法。建议法律工作者进一步探索适应农区耕地放牧的应用场景。

（二）林牧：适度放牧以探索林草资源科学保护的途径

×县林草部门表示，该县林草等生态资源向经济效益转化的利用率很低，生态产业效益不够明显。目前，当地官方鼓励的林下经济包括"林药、林菌、林禽、林菜"等形式，并没有林草模式、林牧模式。与之相较的是，欧洲阿尔卑斯山上的山羊放牧，林草郁郁葱葱，不仅成就了闻名世界的羊奶乳酪，而且实现了草畜两旺，生态效益和生产效益双赢，这不是禁牧的结果。新西兰的草地放牧养牛，基本不用精料，成本低，质量好，竞争力强，占据全球60%的奶业市场。美国几乎没有一家林场不兼营牧场，有 1/3 的丰产草地在林区，因为树木的生产周期较长，天然林一般为60年，必须经营牧场来"以短养长"，取得经济效益来养活自己[①]。而在我国，造林、育林的经营管理费用全由国家承担，封山禁牧既导致林草资源大量浪费，又导致舍饲养殖成本极高，增加了国家的负担，威胁了国家粮食安全，不利于生态健康。建议加快集体林权制度改革，落实所有权、稳定承包权、放活经营权，有序引导林权流转，解决林地分散化、碎片化、单家独户发展难等问题，通过合作机制或规模经营，为"林下养殖"提供可预期的制度环境与空间条件。

① 任继周、胥刚、赵忠：《草可富国》，《森林与人类》2013年第3期，第9–17页。

（三）草牧：构建草山草坡半饲半牧的应用场景

在原有农村产权模式下，适合耕种的土地基本承包到户，极难利用的草山、草坡、荒沟、荒滩等多被划为集体所有的林地、草地、滩涂地等，因产权模糊，要么利用率极低，要么过度利用导致公地悲剧。近年来，农村开展林草改革、“三变”改革，对林草地进行了确权并承包到户，向农户颁发了林权证、草权证。这些承包到户的林草地，在实际操作中依然极难指明各家各户的四至，不具备单独开发利用的现实价值。但确权工作为村集体整体发包和农户按股分红提供了法律依据。因此，在新的产权模式下，实施所有权、使用权、经营权分离，农村草山草坡可以整体流转给新型经营主体，开发利用与生态保护的法律责任清晰，农牧户参与分红的利益机制清晰。同时，当前对草地生态系统开展动态健康评价的技术也很成熟，如草地生态生产力指标——CVOR①，已经广泛应用于荒漠草原、高寒草甸以及矿区修复、山区及河道治理等区域的健康评价。对草地进行精准放牧、精准管理的法律环境和技术手段均已具备。建议在黄土高原沟壑区、西南岩溶草山草坡等地区，构建以沟壑畜牧业、山地畜牧业等为载体的生态畜牧业，运用生态位原理、食物链原理、物质循环原理、农业伦理基本原则等，采取种养结合、农牧并举的农业生产方式，形成农、林、草系统结合的生态畜牧业生产体系。

六、结语

草食畜牧业的现代化离不开充足的发展空间、科学的发展模式、良好的法治环境。本章以甘肃省×县“全域封山禁牧”背景下的草食畜牧业发展经验为例，发现当地超过半数的国土面积为黄土高原沟壑区，被林地、草地、湿地等覆盖，但这些广袤的国土因无法从事种植业，又因全域封山禁牧而极难发展草食畜牧业，所发挥的经济效益极低，造成土地、水热、劳动力等自然与社会资源的巨大浪费，有违草业科学与农业伦理

① 任继周：《关注评价草原生态生产力的指标——CVOR》，《草业科学》2023年第5期，第1200页。

的基本常识。这与《畜牧法》对农区草食畜牧业的规范不到位不无关系。

地方政府应该按照新修订的《畜牧法》的立法精神，在实践中建立健全现代畜禽养殖体系，既要鼓励和扶持发展规模化、标准化和智能化养殖，促进种养结合和农牧循环、绿色发展，也要支持养殖散户和畜牧业专业合作社发展新产业、新业态，促进与旅游、文化、生态等产业融合。地方政府不能搞一刀切的封山禁牧，而应加大对草食畜牧业的支持和投入，如加强草地水利、草场围栏、饲草料生产加工储备、牲畜圈舍、牧道等基础设施建设，为精准放牧、科学保护林草资源提供便利。更为重要的是，政府要扮演制度设计者的重要角色，积极构建适合发展饲草产业和草食畜牧业的制度环境和应用场景，兼顾自然资源的开发利用与公共保护，为全社会参与生态、生产协同发展提供合理预期。

本章聚焦新修订的《畜牧法》新增的《草原畜牧业》章节，建议对"草原"与"草地"、"草原畜牧业"与"草食畜牧业"等的边界进行重新思考，并进一步统筹耕地、林地、草地等自然资源，对农区、牧区草食畜牧业的产业体系和经营体系进行规范。《畜牧法》要以科学为先导、以伦理做普及、以法律来兜底，通过农牧、林牧、草牧，打破农业、林业、草业的分裂格局，建立以"牧"为总转换器、总能量场的综合农业生态系统。以此将大农业观、大食物观、大生态观融入法治建设的实践当中，落实生态产业化、产业生态化的发展思路，实现生态效益、经济效益、社会效益的多赢局面，真正使绿水青山变为金山银山。

参考文献

1.普通图书

[1] 陈旉.农书 [M] .北京：中华书局，1956：367.

[2] 范冬萍. 复杂系统突现论：复杂性科学与哲学的视野 [M]. 北京：人民出版社，2011：25.

[3] 范晔.后汉书 [M] .北京：中华书局，1999：1419-1868.

[4] 贾思勰.齐民要术 [M] .北京：中国书店出版社，2017：148.

[5] 吕鹏.有豕白蹢：中国古代家猪的考古研究 [M] .郑州：大象出版社，2024.

[6] 苗东升.系统科学原理 [M]. 北京：中国人民大学出版社，1990：666.

[7] 南志标.中国农区草业与食物安全研究 [M] .北京：科学出版社， 2017：1-9.

[8] 钱学森.论系统工程 [M]. 增订本.长沙：湖南科学技术出版社，1988：324.

[9] 谯仕彦.猪低蛋白质日粮研究与应用 [M] .北京：中国农业出版社，2019：1-3.

[10] 任继周.中国农业伦理学史料汇编 [M] .南京：江苏凤凰科学

技术出版社，2015：261-309.

［11］任继周.草业科学论纲［M］.南京：江苏科学技术出版社，2012：扉页.

［12］任继周.任继周文集：第四卷［M］.北京：中国农业出版社，2015：1.

［13］任继周.中国农业系统发展史［M］.南京：江苏凤凰科学技术出版社，2015：1-21.

［14］任继周.任继周文集：第十二卷［M］.北京：中国农业出版社，2021：1.

［15］任继周.中国农业伦理学概论［M］.北京：中国农业出版社，2021：3-281.

［16］任继周.中国农业伦理学导论［M］.北京：中国农业出版社，2018：29.

［17］司马迁.史记［M］.北京：中华书局，1999：2253、2528.

［18］旭日干，任继周，南志标.中国草地生态保障与食物安全战略研究丛书·总序［M］.北京：科学出版社，2017：1.

［19］王祯.东鲁王氏农书［M］.缪启愉，缪桂龙，译.上海：上海古籍出版社，2008：105.

［20］徐旺生.中国养猪史［M］.北京：中国农业出版社，2009.

［21］袁靖.动物寻古——在生肖中发现中国［M］.桂林：广西师范大学出版社，2023：357-387.

［22］张仲葛，朱先煌.中国畜牧史料集［M］.北京：科学出版社，1986：10-12.

［23］福冈正信.自然农法绿色哲学的理论与实践［M］.黄细喜，顾克礼，译.哈尔滨：黑龙江人民出版社，1987：75.

［24］詹姆斯·格雷克. 混沌：开创新科学［M］. 北京：高等教育出版社，2004：61.

［25］奥尔多·利奥波德.沙乡年鉴［J］.侯文蕙，译.长春：吉林人

民出版社，1997：213.

［26］HODGSON J. Grazing management: science into practice［M］. New York: Longman Scientific & Technical, 1990: 1-2.

［27］JEREMY RIFKIN. The third industrial revolution: how lateral power is transforming energy, the economy, and the world［M］. New York: Palgrave Macmillan, 2011: 224.

［28］PAUL B THOMPSON. The spirite of the soil: agriculture and environmental ethics［M］. London and New York: Routledge, 1995: 52-119.

［29］ROBERT L ZIMDAHL. Agriculture's ethical horizon［M］. Amsterdam: Elsevier Inc, 2012: 67-68.

2.期刊

［1］包军.中国畜牧业的“动物福利”［J］.农学学报，2018，8（1）：179-185.

［2］包军.动物福利与健康养殖［J］.饲料工业，2012，33（12）：1-3.

［3］曹明德，刘明明.对动物福利立法的思考［J］.暨南学报（哲学社会科学版），2010，32（1）：41-46.

［4］常纪文.从欧盟立法看动物福利法的独立性［J］.环球法律评论，2006（3）：343-351.

［5］常纪文.动物福利与动物权利之法学辨析［J］.昆明理工大学学报（社会科学版），2007，7（7）：6-8.

［6］陈坚.“农禅并重”的农业伦理意境与佛教中国化［J］.兰州大学学报（社会科学版），2016（5）：69-77.

［7］陈玲玲，玉柱，毛培胜，等.中国饲草产业发展概况及饲草料质量安全现状［J］.饲料工业，2015，36（5）：56-60.

［8］董世魁，任继周，方锡良，等.种植业的农业伦理学之度［J］.草业科学，2018，35（10）：2299-2305.

［9］董世魁，任继周，方锡良，等.养殖业的农业伦理学之度［J］.草业科学，2018，35（9）：2059-2067.

［10］董世魁，赫凤彩，史航，等.山地农业伦理观的特征及时代价值［J］.草业科学，2022，39（4）：787-794.

［11］段辉娜，王巾英.我国畜产品出口中的动物福利壁垒探析［J］.中央财经大学学报，2007（3）：76-80.

［12］方精云，潘庆民，高树琴，等."以小保大"原理：用小面积人工草地建设换取大面积天然草地的保护与修复［J］.草业科学，2016，33（10）：1913-1916.

［13］方锡良.中国传统"农本"思想及其现代思考［J］.兰州大学学报（社会科学版），2016（4）：9-17.

［14］方锡良，姜萍.探问中国农业伦理之道、寻求农业可持续发展之途——中国农业伦理学研究会成立大会暨"农业伦理学与农业可持续发展"学术研讨会会议综述［J］.中国农史，2017（5）：134-143.

［15］方锡良.论《农业圣典》中的生态智慧与伦理意蕴［J］.中国农史，2019，38（2）：123-132.

［16］高菲，王铁梅，卢欣石.2021年我国商品饲草生产形势分析与2022年趋势展望［J］.畜牧产业，2022（3）：32-37.

［17］郭锡铎.我国古代养猪文献与出土文物［J］.肉类工业，2007（8）：44-48.

［18］顾宪红.动物福利和畜禽健康养殖概述［J］.家畜生态学报，2011，32（6）：1-5.

［19］顾胜楠，李群.中国古代畜牧业研究综述［J］.古今农业，2019（1）：113-120.

［20］郭欣，严火其.农场动物福利"五大自由"思想确立研究［J］.自然辩证法通讯，2019，41（2）：74-82.

［21］韩国栋，李勤奋，卫智军，等.家庭牧场尺度上放牧制度对绵羊摄食和体重的影响［J］.中国农业科学，2004，37（5）：744-750.

［22］韩国栋，卫智军，许志信.短花针茅草原划区轮牧试验研究［J］.内蒙古农业大学学报（自然科学版），2001（1）：60-67.

［23］侯扶江，杨中艺.放牧对草地的作用［J］.生态学报，2006，26（1）：244-264.

［24］侯扶江，南志标，任继周.作物—家畜综合生产系统［J］.草业学报，2009，18（5）：211-234.

［25］胡浩，郭利京.农区畜牧业发展的环境制约及评价——基于江苏省的实证分析［J］.农业技术经济，2011（6）：36-42.

［26］胡一胜.试论农业伦理学的特征、对象及体系［J］.江西农业大学学报（哲学社会科学专辑），1992（5）：28-31.

［27］姜冰，康祎梅，崔力航，等.农场动物福利的历史演进、价值审思与现实启示［J］.农业现代化研究，2022，43（6）：957-970.

［28］姜萍，姜秋月."One Health"理念的提出及其当代价值［J］.自然辩证法通讯，2018（6）：17-22.

［29］蒋劲松.动物伦理学视野中的畜牧业［J］.兰州大学学报（社会科学版），2015（3）：45-48.

［30］昝维廉，张仲葛.试论我国畜牧史的研究与畜牧业现代化［J］.农业考古，1981（1）：91.

［31］雷毅，金平阅.伦理矩阵方法在转基因技术评价中的应用［J］.南京邮电大学学报（社会科学版），2012，14（3）：50-55.

［32］李军，沈政.封山禁牧背景下农户舍饲选择意愿及其影响因素分析——以陕西省榆林市农户为例［J］.中国农村经济，2013（9）：78-86.

［33］李政道.前沿学科热点话题卷首语［J］.科学世界，2000（1）：1.

［34］李永萍.新家庭主义与农民家庭伦理的现代适应［J］.华南农业大学学报（社会科学版），2021，20（3）：41-51.

［35］李建军.农业伦理学及其研究方法［J］.兰州大学学报（社会科

学版)，2017(6)：19-26.

［36］李响，矧志龙，李栋，等.智能化养殖技术在养猪产业中的应用［J］.中国畜牧杂志，2024，60(8)：73-80.

［37］李新一，尹晓飞，周晓丽，等.我国饲草产业高质量发展的对策和建议［J］.草地学报，2020，28(4)：889-894.

［38］刘小红，陈瑶生.2023年生猪产业与技术发展状况［J］.中国畜牧杂志，2024，60(3)：302-307.

［39］刘小红，陈瑶生.2022年生猪产业发展状况、未来发展趋势与建议［J］.中国畜牧杂志，2023，59(3)：264-268.

［40］刘思源，唐晓岚，孙彦斐.基于伦理矩阵的我国自然保护地生态保育机制探究：逻辑、困境及发展路径［J］.世界林业研究，2020，33(6)：86-91.

［41］卢风.生态文明新时代的新科学和新哲学［J］.环境与可持续发展，2019(6)：35-37.

［42］卢风.利奥波德土地伦理对生态文明建设的启示——纪念《沙乡年鉴》出版七十周年［J］.阅江学刊，2020，12(1)：44-52.

［43］卢欣石，苜蓿饲草产业发展的质与量问题［J］.中国乳业，2021(8)：9-12.

［44］卢欣石.15年草业进步、15年草业未来——第四届(2016)中国草业大会发言材料［J］.草原与草业，2016，28(3)：1-10.

［45］卢欣石.中国苜蓿产业发展问题［J］.中国草地学报，2013，35(5)：1-4.

［46］毛新志.转基因作物产业化的伦理学研究［J］.武汉理工大学学报(社会科学版)，2011，24(4)：451-457.

［47］毛新志，李思雯.神经增强的伦理矩阵研究［J］.自然辩证法通讯，2019，41(10)：83-89.

［48］苗东升.论复杂性［J］.自然辩证法通讯，2000(6)：87-92.

［49］齐文涛."守候与照料"的农业伦理观［J］.伦理学研究，2015

(1): 104-106.

[50] 齐文涛.中国古代动物养殖活动的伦理倾向 [J].自然辩证法研究，2015，31 (10): 80-84.

[51] 钱学森，于景元，戴汝为. 一个科学新领域——开放的复杂巨系统及其方法论 [J]. 自然杂志，1990，13 (1): 3-10.

[52] 邱仁宗.农业伦理学的兴起 [J].伦理学研究，2015 (1): 86-92.

[53] 权松安，彭珂珊，田发展，等.封山禁牧下高效设施畜牧业建设模式及其推广路径 [J].草业科学，2003，20 (10): 41-45.

[54] 任继周，侯扶江.改变传统粮食观，试行食物当量 [J].草业学报，1999，8 (12): 55-75.

[55] 任继周，侯扶江.草业科学框架纲要 [J].草业学报，2004，13 (4): 1-6.

[56] 任继周，侯扶江.草业科学的多维结构 [J].草业学报，2010，19 (3): 1-5.

[57] 任继周，侯扶江.我国山区发展营养体农业是持续发展和脱贫致富的重要途径 [J].大自然探索，1999 (1): 48-52.

[58] 任继周，南志标，郝敦元.草业系统中的界面论 [J].草业科学，2000，9 (1): 1-8.

[59] 任继周，方锡良，胥刚，等.地的农业伦理学诠释 [J].兰州大学学报 (社会科学版)，2017 (6): 10-18.

[60] 任继周，方锡良，侯扶江.论农业界面的伦理学涵义 [J].自然辩证法通讯，2018，40 (6): 1-9.

[61] 任继周，林慧龙，侯扶江.农业层积之法的农业伦理学诠释 [J].兰州大学学报 (社会科学版)，2018 (4): 1-7.

[62] 任继周，方锡良.中国城乡二元结构的生成、发展与消亡的农业伦理学诠释 [J].中国农史，2017 (4): 83-92.

[63] 任继周，方锡良.中国工业化的历史过程与农业伦理学响

应——兼论后工业化的历史机遇［J］.中国农史，2019（3）：3-10.

［64］任继周，胥刚，林慧龙，等.中国农业伦理学的多维结构［J］.兰州大学学报（社会科学版），2020（3）：1-7.

［65］任继周. 我从农业生态系统科学到农业伦理学的心路历程——为唤醒我国农业伦理学意识而呼吁［J］.草业科学，2016，33（8）：1451-1453.

［66］任继周，王钦.甘肃天祝永丰滩高山高原更新措施的研究简报［J］.甘肃农业大学学报，1959（4）：11-22.

［67］任继周，牟新待.试论划区轮牧［J］.中国农业科学，1964（1）：21-25.

［68］任继周，符义坤，朱邦长.试论草原的发生与发展中矛盾运动的规律［J］.甘肃农业大学学报，1962（4）：10-18.

［69］任继周.草原的农学范畴及其类型问题［J］.甘肃农业大学学报，1965（2）：41-47.

［70］任继周.钱学森先生为草业科学开辟了一条新路——为祝贺钱学森九十华诞而作［J］.草业科学，2002，19（1）：1-3.

［71］任继周，胡自治，张自和.草业科学研究的现状与展望［J］.国外畜牧学、草原与牧草，1993（2）：1-8.

［72］任继周.草地农业系统持续发展的原则理解［J］.草业学报，1997，6（4）：1-5.

［73］任继周，朱兴运.农业生态生产力及其生产潜势——兼论“有动物农业”的重要意义［J］.草业学报，1995，4（2）：1-5.

［74］任继周，南志标，林慧龙，等.建立新的食物系统观［J］.中国农业科技导报，2007，9（4）：17-21.

［75］任继周.节粮型草地畜牧业大有可为［J］.草业科学，2005，22（7）：1-8.

［76］任继周.藏粮于草施行草地农业系统——西部农业结构改革的一种设想［J］.草业学报，2002，11（1）：1-3.

［77］任继周，朱兴运.中国河西走廊草地农业的基本格局和它的系统相悖［J］.草业学报，1995，4（1）：69-80.

［78］任继周.我国传统农业结构不改变不行了——粮食九连增后的隐忧［J］.草业学报，2013，22（3）：1-5.

［79］任继周，林慧龙，侯向阳.发展草地农业，确保中国粮食安全［J］.中国农业科学，2007，40（3）：614-621.

［80］任继周，胥刚.传统农耕文化在黄土高原上的困境与机遇［J］.草业科学，2010，27（3）：3-8.

［81］任继周.中国农业史的起点与农业对草地农业系统的回归——有关我国农业起源的浅议［J］.中国农史，2004（3）：3-7.

［82］任继周.论华夏农耕文化发展过程及其重农思想的演替［J］.中国农史，2005（2）：53-58.

［83］任继周，胥刚，林慧龙，等.中国农业伦理学的多维结构［J］.兰州大学学报（社会科学版），2020（3）：1-7.

［84］任继周.中国亟需从陆地农业到陆海农业的战略转移——中国实现农业现代化的最后一个台阶［J］.草业学报，2020，29（8）：1-5.

［85］任继周."时"的农业伦理学诠释［J］.兰州大学学报（社会科学版），2016（4）：1-8.

［86］任继周，林慧龙.农区种草是改进农业系统、保证粮食安全的重大步骤［J］.草业学报，2009，18（5）：1-9.

［87］任继周.草地生态生产力的界定及其伦理学诠释［J］.草业学报，2015，24（1）：1-3.

［88］任继周.放牧与野生动物［J］.草业科学，2003，20（11）：61-62.

［89］任继周，侯扶江，胥刚.放牧管理的现代化转型——我国亟待补上的一课［J］.草业科学，2011，28（10）：1745-1754.

［90］任继周，胥刚，赵忠.草可富国［J］.森林与人类，2013（3）：9-17.

［91］任继周.关注评价草原生态生产力的指标——CVOR［J］.草业科学，2023（5）：1200.

［92］任继周.《中国草地生态保障与食物安全战略研究》专著总序［J］.草业科学，2016，33（6）：1019-1021.

［93］任继周.系统耦合在大农业中的战略意义［J］.科学，1999，51（6）：12-14.

［94］任继周，万长贵.系统耦合与荒漠-绿洲草地农业系统——以祁连山—临泽剖面为例［J］.草业学报，1994，3（3）：1-8.

［95］任继周，林慧龙，胥刚.中国农业伦理学的系统特征与多维结构刍议［J］.伦理学研究，2015（1）：92-96.

［96］任继周.草原放牧养猪问题之初步探讨［J］.中国兽医杂志，1963（6）：17-20.

［97］任大鹏，乔文慧.浅议《畜牧法》关于畜禽养殖方式的规定［J］.中国畜牧杂志，2006，42（8）：25-27.

［98］盛彤笙，任继周.黄土高原的土壤侵蚀与农业格局［J］.农业经济问题，1980（7）：2-7.

［99］施林.惠及14亿人餐桌 畜牧法完成修订［J］.中国人大，2022（21）：42-43.

［100］宋圭武.试论道德农业［J］.农业现代化研究，2003（2）：129-132.

［101］孙春晨.改革开放40年乡村道德生活的变迁［J］.中州学刊，2018（11）：10-16.

［102］唐莉，王明利.中国生猪产业发展、政策评价与现实约束——基于政策与环境视角［J］.世界农业，2020（11）：112-124.

［103］田福平，师尚礼，洪绂曾，等.我国草田轮作的研究历史及现状［J］.草业科学，2012，29（2）：320-326.

［104］田松.还土地以尊严——从土地伦理和生态伦理视角看农业伦理［J］.兰州大学学报（社会科学版），2015（4）：114-117.

[105] 万熙卿.关于福利养猪理念与实践若干问题的浅析 [J].养猪，2015（1）：81-86.

[106] 王露璐.乡村伦理共同体的重建：从机械结合走向有机团结 [J].伦理学研究，2015（3）：118-122.

[107] 王明利，王美桃，杨春，等.构建我国“粮+经+饲+草”四元种植结构研究 [J].甘肃农业，2013（5）：3-5.

[108] 王思明，刘启振.论传统农业伦理与中华农业文明的关系 [J].中国农史，2016（6）：3-12.

[109] 王德利，王岭，韩国栋.草地精准放牧管理：概念、理论、技术及范式 [J].草业学报，2022，31（12）：191-199.

[110] 王永厚.中国养猪业及其文献资源巡礼 [J].农业图书情报学刊，2007，19（1）：46-49.

[111] 王常伟，顾海英.基于消费者层面的农场动物福利经济属性之检验：情感直觉或肉质关联？[J].管理世界，2014（7）：67-82.

[112] 王成.“中国畜牧史”研究亟待发展 [J].中国畜牧杂志，1998，34（5）：50-51.

[113] 万熙卿.关于福利养猪理念与实践若干问题的浅析 [J].养猪，2015（1）：81-86.

[114] 吴乐倩，孔祥金.伦理矩阵改进：一种生物医学技术伦理评估工具的构建 [J].中国医学伦理学，2024，37（8）：877-884.

[115] 伍佰鑫，傅胜才，彭英林，等.基于动物福利的中国猪业发展史 [J].饲养饲料，2018（1）：31-39.

[116] 肖祥铭，常生华，贾倩民，等.利用方式、种植模式和施氮对多年生牧草产量及品质的影响 [J].草业科学，2021，38（4）：703-715.

[117] 邢福，周景英，金永君，等.我国草田轮作的历史、理论与实践概览 [J].草业学报，2011，20（3）：245-255.

[118] 谢成侠，孙玉民.关于中国畜牧史研究的若干问题 [J].古今农业，1992（4）：1-7.

［119］熊慧，王明利.欧美发达国家发展农场动物福利的实践及其对中国的启示——基于畜牧业高质量发展视角［J］.世界农业，2020（12）：22-29.

［120］徐旺生.夏商周时期的养猪业［J］.猪业科学，2010（7）：108-110.

［121］徐旺生.明清时期的养猪业［J］.猪业科学，2010（12）：108-110.

［122］徐旺生.历史上关于养猪的农谚与民谣［J］.猪业科学，2011（5）：120-121.

［123］阎莉，贺扬.中国传统农业的“地力常新壮”思想探析［J］.农村经济与科技，2020，31（15）：4-7.

［124］严火其.中国传统农业的特点及其现代价值［J］.中国农史，2015（4）：12-28.

［125］严火其，李义波，尤晓霖，等.中国公众对“动物福利”社会态度的调查研究［J］.南京农业大学学报（社会科学版），2013，13（3）：99-105.

［126］姚敏，邓春燕.国际贸易中的动物福利问题及对我国出口贸易的影响［J］.国际贸易问题，2004（7）：36-40.

［127］杨伟荣.乡村振兴的伦理之维——“乡村振兴与乡村伦理”高层论坛综述［J］.伦理学研究，2018（3）：134-135.

［128］杨富裕.树立“饲草就是粮食”理念，大力发展饲草产业［J］.草地学报，2023，31（2）：311-313.

［129］游修龄.说猪——写在《中国养猪史》出版之际［J］.古今农业，2009（3）：110-114.

［130］于景元.钱学森系统科学思想和系统科学体系［J］.科学决策，2014（12）：2-22.

［131］于景元，刘毅.复杂性研究与系统科学［J］.科学学研究，2002，20（5）：451-453.

［132］赵安.任继周院士农业伦理学思想探源——兼论草地农业与农业伦理之关联［J］.兰州大学学报（社会科学版），2023（5）：1-12.

［133］赵安，范玉兵.在草业科学专业开展农业伦理教学的特殊性研究——“任继周草地农业学术思想研讨会”之“农业伦理教学研讨会”侧记［J］.科学·经济·社会，2023，41（6）：9-14.

［134］赵安，柏瑛.农业伦理视域下“藏粮于地”与“藏粮于草”的辩证关系——兼论《粮食安全保障法》第二章“耕地保护”［J］.草业学报，2024，33（10）：183-193.

［135］赵安.农业伦理视域下工业饲料“质”“量”安全问题研究［J］.科学·经济·社会，2024，42（6）：42-53.

［136］赵安，杨琼，柏瑛.新《畜牧法》背景下“全域封山禁牧”政策的讨论——以甘肃省×县草食畜牧业现代化的实践经验为例［J］.天水师范学院学报，2024，44（6）：112-122.

［137］张英俊，任继周，王明利，等.引草入田的四重效益［J］.中国畜牧兽医报，2023，1（1）：8.

［138］张英俊.饲草作物在农业产业结构调整中的作用［J］.民主与科学，2017（1）：25-27.

［139］张敏，严火其.从动物福利、动物权利到动物关怀——美国动物福利观念的演变研究［J］.自然辩证法研究，2018，34（9）：63-68.

［140］W. H. 默迪，章建刚.一种现代的人类中心主义［J］.哲学译丛，1999（2）：12-26.

［141］九十年代中国食物结构改革与发展纲要［J］.营养学报，1993，15（4）：371-376.

［142］MEPHAM B, BROM F W A, GREMMEN B. A framework for the ethical analysis of novel foods: the ethical matrix[J]. Journal of Agricultural and Environmental Ethics, 2000(2): 165-176.

3.学位论文

［1］贺扬.罗伯特·齐达尔农业伦理思想研究［D］.南京：南京农业大学，2020：1–49.

［2］潘雅萍.《诗经》农业伦理观研究［D］.杨凌：西北农林科技大学，2019：1–49.

［3］宋欣.美国农业伦理学兴起的研究［D］.南京：南京农业大学，2019：1–43.

［4］肖妮.保罗·汤姆森农业伦理学思想研究［D］.兰州：兰州大学，2018：1–54.

［5］张逸鑫.基于农业伦理的二十四节气与现代农业生产体系的耦合研究［D］.南京：南京农业大学，2019：1–41.

［6］赵会杰.环境规制下畜禽养殖废弃物资源化利用的微观机理研究［D］.北京：中国社会科学院大学，2021：1–56.

4.专著中析出的文献

［1］陈爱华.农业伦理何以可能？［M］//王思明，李建军，林慧龙.农业伦理学进展：第一辑.北京：社会科学文献出版社，2018：206–215.

［2］刘巍，尹北直.构建有中国特色的农业伦理学学科体系［M］//王思明，李建军，林慧龙.农业伦理学进展：第一辑.北京：社会科学文献出版社，2018：216–223.

［3］任继周.钱学森先生草业思想的形成与发展［M］.任继周.世纪草业的求索与守望——任继周选集.南京：江苏凤凰科学技术出版社，2015：12–17.

［4］任继周.悼念钱学森先生［M］//任继周.草业琐谈.北京：中国农业出版社，2013：10–17.

［5］任继周.草类植物［M］//任继周.草业琐谈.北京：中国农业出版社，2013：182–184.

［6］任继周，郑晓雯，胥刚.自然，世界东方升起的生态文明的灯塔［M］//任继周.中国农业伦理学进展：第三辑.北京：中国农业出版社，2023：56.

［7］史玉丁，李建军，杨如安.特色小镇推动新型城镇化建设的迷思与现实——基于社会伦理学的思考［M］//王思明，李建军，林慧龙.农业伦理学进展：第一辑.北京：社会科学文献出版社，2018：326-342.

［8］孙金荣.《齐民要术》天地人和合思想及其文化意义［M］//王思明，李建军，林慧龙.农业伦理学进展：第一辑.北京：社会科学文献出版社，2018：406-418.

［9］王鸿生.中国农业伦理学应该研究的九个问题［M］//王思明，李建军，林慧龙.农业伦理学进展：第一辑.北京：社会科学文献出版社，2018：243-247.

5.电子资源

［1］陈剑平.农业伦理学是农业科学技术的纲——学习任继周院士《中国农业伦理学概论》感悟［EB/OL］.（2023-10-11）［2024-04-11］.https：//www.farmer.com.cn/2023/10/11/99938179.html.

［2］甘肃省人民代表大会常务委员会.甘肃省草原条例［EB/OL］.（2022-03-31）［2024-02-29］. https：//flk. npc. gov. cn/detail2. html?ZmY4MDgxODE3ZmQ5ODYyNTAxODA2M2FlZGI5ODI2MTg.

［3］甘肃省委办公厅，甘肃省政府办公厅.关于全面推行林长制的实施意见［EB/OL］.（2021-07-18）［2024-02-29］.http：//www.gansu.gov.cn/gsszf/gsyw/202107/1671491.shtml.

［4］国家发展和改革委员会.全国高标准农田建设总体规划（2011—2020年）［EB/OL］.（2013-12-09）［2024-02-29］.https：//www.ndrc.gov.cn/fzggw/jgsj/njs/sjdt/201312/P020191101560721899254.pdf.

［5］国务院.中华人民共和国土地管理法实施条例［EB/OL］.（2021-07-02）［2024-02-29］. http：//www. fgs. moa. gov. cn/flfg/202107/

t20210730_6373236.htm.

［6］国务院.土地调查条例［EB/OL］.（2018-03-19）［2024-02-29］.https：//www.gov.cn/gongbao/content/2019/content_5468941.htm.

［7］国务院办公厅.国务院办公厅关于促进畜牧业高质量发展的意见［EB/OL］.（2020-09-27）［2024-02-23］. https：//www. gov. cn/zhengce/content/2020-09/27/content_5547612.htm.

［8］国务院办公厅.关于促进畜牧业高质量发展的意见［EB/OL］.（2020-09-27）［2024-02-23］. https：//www. gov. cn/zhengce/content/2020-09/27/content_5547612.htm.

［9］国务院办公厅.关于防止耕地“非粮化”稳定粮食生产的意见［EB/OL］.（2021-07-30）［2024-02-29］.http：//www.fgs.moa.gov.cn/flfg/202107/t20210730_6373236.htm.

［10］扈永顺.中国科学院院士曹晓风：改良边际土地扩增食物产能［EB/OL］.（2023-02-28）［2024-02-29］.https：//baijiahao.baidu.com/s?id=1759042197181703478&wfr=spider&for=pc.

［11］江耘.重金属畜禽粪便致污染土地　代表呼吁严控饲养标准［EB/OL］.（2014-03-06）［2024-03-12］.https：//www.chinanews.com.cn/sh/2014/03-06/5921004.shtml.

［12］刘晓倩.任继周院士：农业须靠伦理学走出工业化歧途［EB/OL］.（2015-01-07）［2024-02-23］. https：//ysg. ckcest. cn/ysgNews/1738429.html.

［13］刘慧，乔金亮，吴浩.大豆问题调查（经济日报8月11日第1版）［EB/OL］.（2022-08-11）［2024-02-23］.http：//www.moa.gov.cn/ztzl/ymksn/jjrbbd/202208/t20220811_6406760.htm.

［14］刘晓倩.中国工程院院士任继周：农业须靠伦理学走出工业化歧途［EB/OL］.（2015-01-04）［2024-04-11］.https：//news.sciencenet.cn/htmlnews/2015/1/310769.shtm.

［15］这十年　看三农——大食物观下看饲料粮保供（上）［EB/

OL］.（2022-10-21）［2024-02-23］. https：//m. thepaper. cn/baijiahao_20413195.

［16］农业农村部.农业农村部畜牧兽医局负责人就《“十四五”全国饲草产业发展规划》答记者问［EB/OL］.（2022-03-01）［2024-02-23］.https：//www.gov.cn/zhengce/2022-03/01/content_5676206.htm.

［17］农业农村部.关于进一步调整优化农业结构的指导意见［EB/OL］.（2017-11-29）［2024-02-29］.http：//www.moa.gov.cn/nybgb/2015/san/201711/t20171129_5923389.htm.

［18］农业农村部.关于印发《耕地质量保护与提升行动方案》的通知［EB/OL］.（2015-11-03）［2024-02-29］.http：//www.zzys.moa.gov.cn/tzgg/201511/t20151103_6310612.htm.

［19］农业农村部.2019年全国耕地质量等级情况公报［EB/OL］.（2020-05-06）［2024-02-29］.http：//www.moa.gov.cn/nybgb/2020/202004/202005/t20200506_6343095.htm.

［20］农业农村部.关于印发《到2025年化肥减量化行动方案》和《到2025年化学农药减量化行动方案》的通知［EB/OL］.（2022-11-18）［2024-02-29］. http：//www. moa. gov. cn/govpublic/ZZYGLS/202212/t20221201_6416398.htm.

［21］农业农村部.“十四五”全国种植业发展规划［EB/OL］.（2022-04-01）［2024-02-29］.http：//www.moa.gov.cn/nybgb/2022/202202/202204/t20220401_6395092.htm.

［22］农业农村部.“十四五”全国饲草产业发展规划［EB/OL］.（2022-04-01）［2023-12-20］.http：//www.moa.gov.cn/nybgb/2022/202203/202204/t20220401_6395157.htm.

［23］农业农村部.关于印发《全国种植业结构调整规划（2016—2020年）》的通知［EB/OL］.（2016-04-28）［2024-02-23］.https：//www.gov.cn/xinwen/2016-04/28/content_5068722.htm.

［24］农业农村部.关于印发《“十四五”全国畜牧兽医行业发展规

划》的通知［EB/OL］.（2021-12-22）［2024-02-23］.https：//www.gov.cn/zhengce/zhengceku/2021-12/22/content_5663947.htm.

［25］农业农村部.关于印发《“十四五”奶业竞争力提升行动方案》的通知［EB/OL］.（2022-03-01）［2024-02-23］.http：//www.moa.gov.cn/govpublic/xmsyj/202202/t20220222_6389242.htm.

［26］农业农村部畜牧兽医局.中国饲料工业协会《2022年全国饲料工业发展概况》［EB/OL］.（2023-02-14）［2024-02-23］.http：//www.chinafeed.org.cn/hyfx/hyfx_erji/202302/t20230214_418333.html.

［27］农业农村部.中华人民共和国农业农村部公告 第194号［EB/OL］.（2019-07-10）［2024-02-23］.http：//www.xmsyj.moa.gov.cn/zcjd/201907/t20190710_6320678.htm.

［28］农业农村部.中华人民共和国农业农村部公告 第246号［EB/OL］.（2019-12-26）［2024-02-23］.http：//www.xmsyj.moa.gov.cn/zcjd/201912/t20191226_6333971.htm.

［29］农业农村部.中华人民共和国农业农村部公告第307号［EB/OL］.（2020-06-17）［2024-02-23］.https：//www.gov.cn/zhengce/zhengceku/2020-06/17/content_5519856.htm.

［30］农业农村部办公厅.农业农村部办公厅关于公布饲料中豆粕减量替代典型案例的通知［EB/OL］.（2022-11-14）［2024-02-23］.http：//www.moa.gov.cn/nybgb/2022/202210/202211/t20221114_6415344.htm.

［31］农业农村部办公厅.农业农村部办公厅关于印发《饲用豆粕减量替代三年行动方案》的通知［EB/OL］.（2023-04-14）［2024-02-23］.https：//www.gov.cn/zhengce/zhengceku/2023-04/14/content_5751409.htm.

［32］全国人民代表大会常务委员会.中华人民共和国粮食安全保障法［EB/OL］.（2023-12-29）［2024-02-29］.http：//www.npc.gov.cn/c2/c30834/202312/t20231229_433989.html.

［33］全国人民代表大会常务委员会.中华人民共和国土地管理法

［EB/OL］.（2019-08-26）［2024-02-29］.http：//www.fgs.moa.gov.cn/flfg/202007/t20200716_6348746.htm.

［34］全国动物营养指导委员会.猪鸡饲料玉米豆粕减量替代技术方案［EB/OL］.（2021-04-21）［2024-02-23］.http：//www.moa.gov.cn/gk/nszd_1/2021/202104/t20210421_6366304.htm

［35］全国人民代表大会常务委员会.中华人民共和国畜牧法［EB/OL］.（2022-10-30）［2024-02-29］. http：//www. npc. gov. cn/npc/c2/c30834/202210/t20221030_320096.html.

［36］全国人民代表大会常务委员会.中华人民共和国草原法［EB/OL］.（2021-04-29）［2023-12-20］.https：//www.forestry.gov.cn/c/www/gklcfl/300097.jhtml.

［37］庆阳市人民代表大会常务委员会.庆阳市禁牧条例［EB/OL］.（2020-07-29）［2024-02-29］.https：//www.zgqingyang.gov.cn/gk/zfxxgk/zc/dfxfg/content_14666.

［38］生态环境部.环境保护部和国土资源部发布全国土壤污染状况调查公报［EB/OL］.（2014-04-17）［2024-02-29］.https：//www.mee.gov.cn/gkml/sthjbgw/qt/201404/t20140417_270670.htm.

［39］沈国舫.农业伦理学应走进高等学堂［EB/OL］.（2023-10-12）［2024-04-11］.https：//www.farmer.com.cn/2023/10/12/99938248.html.

［40］施芳，顾仲阳.总书记的人民情怀“要树立大食物观”［EB/OL］.（2024-04-21）［2024-05-29］.https：//baijiahao.baidu.com/s?id=1796900153179682814&wfr=spider&for=pc.

［41］唐华俊.顺天时　量地利　行有度　法自然——评《中国农业伦理学概论》［EB/OL］.（2021-11-10）［2024-04-11］.https：//www.sxncb.com/2021-11/10/content_9303283.html.

［42］新华社.习近平主持召开中央财经委员会第二次会议［EB/OL］.（2023-07-21）［2024-02-29］.http：//www.zzys.moa.gov.cn/tzgg/202307/t20230721_6432655.htm.

[43] 肖璐."中国草都"是怎样炼成的?[EB/OL].(2023-07-15)[2024-02-23].https://baijiahao.baidu.com/s?id=1771458452124816956&wfr=spider&for=pc.

[44] 杨惠.粮改饲成为优质饲料供应重要推手[EB/OL].(2023-04-03)[2024-02-23].https://szb.farmer.com.cn/2023/20230403/20230403_006/20230403_006_5.htm.

[45] 2023年中央一号文件公布 提出做好2023年全面推进乡村振兴重点工作[EB/OL].(2023-02-13)[2024-02-29].https://www.gov.cn/xinwen/2023-02/13/content_5741361.htm.

[46] 中国海关.统计月报[EB/OL].(2023-04-03)[2024-02-23].http://www.customs.gov.cn/customs/302249/zfxxgk/2799825/302274/302277/4899681/index.html.

[47] 自然资源部,农业农村部,国家林业和草原局.关于严格耕地用途管制有关问题的通知[EB/OL].(2021-11-27)[2024-02-29].http://gi.mnr.gov.cn/202112/t20211224_2715748.html.

[48] 自然资源部.第三次全国国土调查主要数据公报[EB/OL].(2021-08-26)[2024-02-29].https://www.gov.cn/xinwen/2021-08/26/content_5633490.htm.

[49] 自然资源部办公厅.关于印发《国土空间调查、规划、用途管制用地用海分类指南(试行)》的通知[EB/OL].(2020-11-17)[2024-02-29].https://www.gov.cn/zhengce/zhengceku/2020-11/22/content_5563311.htm.

后　记

从2022年，我回到兰州大学工作至今，转眼三年时间过去了。从我2005年来到兰州大学草地农业科技学院读本科算起，到今天在该院任教，已经过去了整整二十年。

记得2005年的入学典礼上，年过八旬的任继周院士给草科院新生讲授开学第一课，课程末尾时与学生互动，我竟然是第一个举手提问的，问题是“学草何为”？先生如何作答我已经忘记，但这个问题却一直困扰我很多年。

直到2020年，我还在中国社科院农村发展研究所读博士二年级，在北京再次遇到96岁高龄的任继周院士，任先生得知我的专业背景和求学之路后，介绍我回兰州大学草地农业科技学院工作，并专职从事农业伦理学研究。2022年博士毕业之后，我回到了阔别13年之久的母校任教，决心以自己后半生的时间，去回答“学草何为”的问题。

这三年时间里，我完全是农业伦理学领域的一员新兵，一边研读任先生等师长在农业伦理领域所做的前期工作，一边重温草业科学、动物科学等方面的专业基础知识，逐渐完成“重回”草科院的准备工作。同时边干边学，主讲了本科生的“草畜系统发展史”和研究生的“农业伦理学”课程。

在教学与科研同步推进的过程中，我陆续发表了一些探索性文章，主要是围绕草地农业与农业伦理的交叉研究，尤其是在耕地改良、种植模式、饲草产业、饲料工业、生猪养殖、封山禁牧等草畜产业的多个环节上的伦理讨论。这些研究工作的顺利推进，得到兰州大学中央高校基金的支持，最终形成了这样的一部作品。

当然，这些成果的取得离不开我所在团队的支持。兰州大学于2023年成立了农业伦理学研究中心，由兰州大学草地农业科技学院和哲学社会学院两个学院的部分研究力量组成。中心主任张言亮教授主持了兰州大学中央高校基本科研业务费、重点研究基地建设专项中国农业伦理前沿问题研究（2024jbkyjd011），我主持了科技部监督司委托的“农业科技伦理治理”项目。除了这些项目之外，研究中心还举行多期“农业伦理工作坊”，团队老师先后发表学术论文数十篇，研究中心发展快速。

《草地农业伦理》这本书，正是在这样的背景下完成的，算是国内在草业与伦理学交叉领域的第一本著作，既得到了学校相关项目的支持，也得到了团队老师的指导和帮助。当然，这毕竟是一个初学者的试水之作，所有谬误之处均由作者本人负责，欢迎业界同仁批评指正。

2025年5月